潘照团 / 著

儿童立场的
教育新样态

U0690339

江西教育出版社
JIANGXI EDUCATION PUBLISHING HOUSE

·南昌·

图书在版编目（CIP）数据

儿童立场的教育新样态 / 潘照团著 . —— 南昌：江
西教育出版社，2021.10

ISBN 978-7-5705-2541-6

Ⅰ . ①儿… Ⅱ . ①潘… Ⅲ . ①儿童教育－研究 Ⅳ .
① G61

中国版本图书馆 CIP 数据核字 (2021) 第 199237 号

儿童立场的教育新样态
ERTONG LICHANG DE JIAOYU XIN YANGTAI

潘照团　著

江西教育出版社出版

（南昌市抚河北路 291 号　　邮编：330008）
各地新华书店经销
安徽联众印刷有限公司印刷
720 毫米 ×1000 毫米　　16 开本　　15 印张　　字数 198 千字
2021 年 10 月第 1 版　　2021 年 10 月第 1 次印刷
ISBN 978-7-5705-2541-6

定价：48.00 元

赣教版图书如有印装质量问题，请向我社调换　电话：0791-86710427
投稿邮箱：JXJYCBS@163.com　　电话：0791-86705643
网址：http://www.jxeph.com

赣版权登字 -02-2021-649

教 师 歌

——献给儿童教育社同人

陶行知

（一）

来！来！来！

来到小孩子的队伍里，

发现你的小孩。

你不能教导小孩，

除非是发现了你的小孩。

（二）

来！来！来！

来到小孩子的队伍里，

了解你的小孩。

你不能教导小孩，

除非是了解了你的小孩。

（三）

来！来！来！

来到小孩子的队伍里，

解放你的小孩。

你不能教导小孩，
除非是解放了你的小孩。

（四）

来！来！来！
来到小孩子的队伍里，
信仰你的小孩。
你不能教导小孩，
除非是信仰了你的小孩。

（五）

来！来！来！
来到小孩子的队伍里，
变成一个小孩。
你不能教导小孩，
除非是变成了一个小孩。

何为儿童立场的教育新样态

样态，又称样式、模态。在康德看来，"样态"是对事物存在状态的"断定"。教育发展的历程中，有着各种教育样式的存在状态。其状态尤其对于政策方针、意识形态、价值观念、历史文化、科学技术、社会现象等的变化敏感，这些因素一旦变化，教育样态就有新的出现。

就如，信息化、智能化、数字化催生了"智慧校园"，学习科学孕育了"深度学习"，新冠肺炎疫情重塑了教育新态……诸如此类，我们看到更多的新样态其生发的能量以外力撬动居多。细品教育本身，反而教育生命中最为重要的生长因子——学生，在新样态的主导上还是比较苍白。

我是一名小学教师，天天跟学生在一起，我觉得研究学生比研究任何东西都重要。国家督学成尚荣强调"儿童研究是教师第一专业"。我非常认同，我们得尽量多地站在儿童的立场考虑并创生教育新样态。"'新样态'并不是要创造一个什么样的新状态，而是要求我们回到人，回到'育人'这个学校根本，回到教育教学本质规律上来进行审视。"教育部教育发展研究中心副主任陈如平的观点进一步加固了我的儿童立场与新样态实践。

儿童立场的核心是什么？按照陶行知的说法就是"活"，"活"是陶行知儿童观的灵魂。"活"，就是生机，就是生意。

儿童立场的教育新样态

　　每个孩子呱呱坠地的那一刻就带来了生意，也就是说生意是与生俱来的。我们的教育要呵护这种生意，培育这种生意，让生意盎然。此时的生意是生命的本来样子，是一种生命的意态。

　　随着生命的成长，孩子们开始带着新鲜、好奇、想象、游戏探秘人生旅程，这又是一种生意，是每个生命体对世间万物的主动投情，是一种生动的意态。我们的教育要尊重学生的这种意态，保护他们的新鲜感、好奇心、想象力、游戏性和探究冲动，交出各种舞台和机会，让学生自然流露这种生意。

　　法国思想家罗曼·罗兰说："只有创造的生灵才是生灵。"儿童生来就具有创造力，创造是儿童生命的自我超越。儿童生灵所呈现的这一生意就是创生的意态。我们想让每个生命个体实现自我超越，根本的方式在于创造，而创造的前提在于自由的氛围、自由的机制、自由的心灵。氛围，需要去营造；机制，需要去建立；心灵，需要去解放。

　　很显然，因"活"出生意。让儿童在校园活起来，我们可从生意所表现的"生命的意态""生动的意态""创生的意态"积极去建构基于儿童立场的教育新样态。从三种基本意态，我们可以提炼儿童立场的教育新样态的三个基本特性：

　　野性。教育需要一种纯自然，自然的生长，自然的生活，自然的表现，这是生命本来的意态。现在的教育把学生包得严严实实，缺乏野性。"文明其精神"，做得深；"野蛮其体魄"，踩得浅。野性教育不能没有好体魄的追求与努力。野性教育需要学生真情释放，让学生敢于展示自我。因此，教育应允许不精致，允许率直的不羁，允许犯错，支持自我修复。

　　童心。这是每个人最宝贵的财富。童心是一种原初的力量，它不仅可以包容一切，还可以纯净的高质量吸纳一切，某种角度，童心就是"黑洞"。我们的学校就是童心家园，要释放出每个学生的童心能量，满足他们模仿、好奇、爱玩、合群、喜欢野外生活与成功的心理需求，让他们深爱眼前的一切并积极融入这一切。同样地，我们每个教师都要保持一颗童心，积极为童心提供成长的环境，并主动地成为"儿童"融入这个世界，让每个学生走进校园"看到即课程，参与即成长"，展现其生动的意态。

创意。这是焕发生意的酵母，促进生命成长的活性，体现生命的意义与价值。儿童立场的教育新样态不能仅满足于野性与童心，如果是这样，那就只停留在儿童经验。即使我们深入到儿童心理经验，没有学科逻辑的内在联系，还会陷入"多愁善感的理想化"。创意的激发与培育，不能忽略学科知识、学科逻辑的资源、环境和条件。美国教育家杜威也强调儿童心理经验与学科逻辑的内在联系，但新样态的教育还不能满足于此，还要去探索学习的逻辑，创意的力量源泉来自"儿童心理经验""学科逻辑""学习的逻辑"三者的内在联系。任务的驱动、真实的情境、广阔的空间、经验的联结、知识的脉络、综合的应用、问题的解决……彼此科学组合，必能打破创意生长的局限性，滋生出新的创生的意态。

明确了儿童立场的教育新样态的基本特性，如何去孵化？还是要抓住儿童立场的核心——活。

我们要尊重生命，站稳儿童立场。放低身段，平视生命的心窗，呵护生命原初的力量，保持一颗童心，剥离出成人眼中的苛刻，回溯教育本身——给"生"以希望。我们还要敬畏规律，搭准生命的脉搏。起起落落，是学生成长过程中的正常状态，我们要接纳才能客观全面地对待。教育要用心经营，把握好"活化资源""为学生服务""取舍有道""勿盗窃时间""为学走四方""沟通创造价值""爱与诚信"的法则,实践以学生为中心的理念。

我们要对话生态,通达儿童立场。谈话是一门艺术,沟通融洽关系,增进了解与彼此的信任。对于谈话,形式只是躯壳,交往才是猛料。谈话不止于谈话,谈话要从交往开始。只有交往才有故事,只有故事才能抵近彼此的心灵深处。谈话,根据对象的多少,有大小之分。小型谈话,大多数人能关注到眼前的每个个体。大型谈话,也叫致辞,容易落入"场面上的话"的套路,话语没有温度,就游离了儿童立场。致辞,也要积极发挥师生交往的力量,换个姿态与学生见面,寻找交谈的平衡点,用学生的身影梭织出话语的温度。

我们要焕发生机,活化儿童立场。教育永远是"做"的哲学,儿童立场的教育新样态也不例外。一看准,于根本处坚定教育立场,最大可能地为儿童立场站位,遇变不变,最见立场。看准了,角度就是门路,会有更多的方法把儿童的勃勃生机激发出来。二铺轨,在课程上做文章,视学生为活课程,从儿童心理经验、学科逻辑和学习的逻辑三方面建设学生需要的课程。三活课,没有学生的课,就是忽视儿童立场的课,我们的课堂要关联"学"与"生",课堂就会被激活。四谐和,重构时空关系,让每个学生拥有自己的席位;重构学习关系,让每个学生凸显自己的本位;重构组织关系,让每个学生树立自己的站位……实现自我觉醒的教育。

法国教育家卢梭曾经说过:"世界上有一门学问是最重要的,但是这门学问最不完备。这门最重要的却又最不完备的学问是什么?是关于人的学问。"做教育,最终就是做人的学问。随着时代的发展，各种新观念、新技术的冲击，我们尤其要坚定立场，不要在打造"未来教育"的同时，漠视了眼前的"未来"。

儿童就是未来，儿童立场就是未来立场。新样态，不是追求外在的形式上的"新"，不是助长我们教育向外诉求，而是向内的积极观照，守护教育本来的样子，实现教育质地上的"新"。儿童立场的教育新样态，追求生命本身的沸腾。这里不仅有成尚荣先生笔下的"情感的沸腾""思维的沸腾"，还要有"身心的沸腾""理想的沸腾"。把生命沸腾开去，让每个儿童都有梦。

与孩子们站在一起

每个老师都有自己的站位，有的站在名师身边，有的站在荣誉身边，有的站在"随意"身边，我牢牢记住读师范时老师说过的话——小学老师就是孩子王。近30年的教学生涯，我未曾偏离"儿童中心"，始终站在学生身边。与孩子站在一起，用两个字解释就是陪伴。

搭把手，陪伴着一起走

对学生好就要多陪陪他们，这是我第一个十年的工作潜意识。陪伴，是以学生为中心的敲门砖。

1993年，我从平阳师范学校毕业，工作单位是我的母校——矾山二小，离家也就七八分钟的步程。每天我总是最早到校、最迟下班的一拨人之一，年轻嘛，有的是时间。早上7点左右进教室，我总在那里候着每一个学生，不是上学高峰期，我总能对早到的学生做个别辅导，一份份作业都要经过我的手，不仅仅语文，只要是作业，什么学科我都看。这样有几个好处：一是学生不敢不做作业；二是提前分批完成了一部分作业批改的任务，能腾出更多的时间与学生打成一片，也能完成学校突击的任务；三是最关键的，抓住了"两头"，一般情况下，早到校的学生要么成绩特别好，要么学习能力特别弱，我的早到位，能让优秀的学生获取肯定的目光，能为薄弱的学生填补前一晚的学习漏洞。

尝到甜头，我干脆一大早先进班，9点前后就近在小摊贩手里买点酱油炒年糕充饥，慢性肠胃炎估计也就是那时候落下的。当时我的直觉是——只要盯紧学生，就能做好教育。于是我又开始向学校申请教工宿舍，目的就是一个：多陪陪学生。这个要求在当时是非常奢侈的，很多老教师住进去一辈子不搬出来，很多老教师一辈子盯着，分一间宿舍缓解一家六七口的住家困难。我这个毛头小子分房的概率几乎为零，幸好当时肖桂梅校长也是个"以学生为中心"的舵主，她给出一个目标，如果能评上县优质课，第一个考虑我。

肖校长的话语给了我启示，要想做好"生意"，带好学生，自己要有专业的"资本"。我开始边陪伴学生，边攒资本。那时农村教师要到县城赛课是非常不容易的，得从学校、乡镇、学区拼杀出来。还算幸运，过五关斩六将，我拿到了"冲县"的入场券，提早一周知道课题是《春望》，古诗词难教是语文教育行内的共识，当时不像现在网络这么发达、市场资源这么丰富，手头没有资料，碰到不明白的地方我还连夜到教导处张笃庆主任那儿借了本《唐诗三百首鉴赏辞典》。那时刚刚流行实物投影仪，《春望》一课没有好的幻灯片，就请发小王亦财老师帮忙，我出主意他画画，这古董至今还保存着，算来也吸足了近三十载的日月精华。说实在的，教师的成长也需要陪伴。1996年我拿下了苍南县首届小学语文优质课一等奖，第二年又以朱自清的《春》一课拿下县教坛新秀小学语文第一名。好像都与"春"扯上关系了，我的教学生涯开始萌发生机。全县巡回教学，跨乡镇带徒弟，受聘县南港片兼职教研员……都是在这个时候出现的。可以说，在小县城我搭上了专业的"春运"列车。

当然我也如愿以偿，得到了一间18平方米的教工宿舍。我开始努力让每一堂课都成为公开课，开始用艺术熏陶学生。开设书法拓展课，偶尔还穿插点音乐。搓衣板这玩意大家见过吧！千万不要误会，这绝不是我爱人的镇家之宝，是我的备课道具。为了给学生带来一点午间旋律，我把搓衣板翻转过来画上黑白键，晚上在家练伴奏与指法，白天弹给学生听，想法很朴素，就是想让农村教室也有琴声，不是说"野百合也有春天"吗？

与学生走得近了，挨得紧了，感情自然也就深了。我带的班级连续三年（1995—1997）获得"县文明班级"称号，这是我长期陪伴修成的正果，比我个人获得的任何荣誉都来得高兴。那时候正好是学区进行教育改革——教师、学生、家长三向选择，谁先选好68个学生，谁就封顶，最后谁的学生报不齐，谁就待岗缓聘。这次改革非常有魄力，利弊不做评论，作为一位教师，实现全校第一位封顶，足矣！

第一个十年告诉我，陪伴是以学生为中心的敲门砖。用时间去陪伴，用专业去扶持。自然懂得学生"心意"，带你步入"中心地带"。

与孩子们善意地"周旋"

第二个十年，个性开始苏醒，我这个乡村教师也进城了。城里的孩子"不一般"，没有想象中的"听话"，有的甚至跟你"对着干"，此时的陪伴就是一种考验，是一块"生意"的炼金石。乖巧的学生需要陪伴，桀骜的学生需要陪伴，当乖巧与桀骜聚在一起我们更需要一种寻求平衡的陪伴。在他们面前，陪伴如一盏心灯，点亮师生心灵会话的连廊。

2003年，磨剑十年的我调入了温州市实验小学，可能我是为数不多的男老师之一，学校给我压担子——接掌三（1）班。当时其他三个班都是新班级，唯独这个班级是二年级的独苗跟上来的。接班难接，这个班更难接。"一个班换你三个班。""就是特级教师我也不把孩子放你班！"言外之意，地球人都明白。

让老师们敬而远之的班级究竟是什么情况？有人可能因为一堂课没有被点到发言而去追打来校应聘的老师；可能因为老爸不同意邀请同学到家玩耍而不要命地用头去撞墙壁；可能把游泳课称为"殴殴课"，在水底下结伴围攻看不顺眼的同学……

这个班我带了一个月就招架不住。那是2003年9月28日，星期日（国庆调休上课），上午第四节铃声一响，有学生过来报告："不得了啦，小A的太阳穴被小B用铅笔刺啦！"我立马赶到教室，只见小A在桌上抽泣，太阳穴上有一小点血迹，皮被戳破了。还没等我发话，站在一边的小C就边哭边喊："我要揍小B！"情绪非常激动，有点失控。我一把拉住他，说："要沉住气，怎么能这样处理问题？""她打了我的好朋友，我就要打她！"紧接着爬上课桌大喊："我们把教室里跟我们有关的作品全部撕下来！我们的东西不能跟这个女魔王放在一起。"还哭着闹着要打"110"。当时，我都快被气晕了，站在这样硝烟弥漫的"战场"，我的位置完全沦陷了。

当一位教师站在学生面前真空般地消失，那是多么难受的事情！我也不例外，人生第一次在学生面前哭了，"男儿有泪不轻弹，只是未到伤心处"。虽然没有泣不成声，但男人的眼泪每一滴都充满了力量，教室里一下子安静下来，小C回到了座位，小B一脸无辜，小A也被"无声"唤醒——抬起了头，硝烟一下子散尽，一切如初。

接下来跟学生讲什么我想不起来了，但无声的力量却深深地藏在我的心里。如果当时我气急败坏地呵斥一通，强势地用高分贝的"震天雷"镇住"战场",直接可以预测的结果是我将会被这支"起义军"轰出教室,硝烟蔓延的后遗症是学生的心灵将蒙上阴影。

学生急了,失控了,欲图"高压强制"来平息事态,肯定不是最好的办法。心底里有孩子,你就会发自内心的触动。想起自己每一节课都随班听课,想起自己忍着巨臭在走廊上不露声色地为拉肚子的学生捡粑粑,想起自己每天深夜才回到与张书葵老师合租的40平方米的蜗居,想起自己因为回家太迟,本已身心疲惫而又被碰瓷的路人借着灯光昏暗讹诈……这时触动的眼泪不是伪装出来的为了平息事态的工具,而是真心的告白,当学生看到了老师是他们心灵的盟友时,即使是钢条也能绕指柔。

我不提倡哭,也不刻意哭。我只想表达两个观点:一是感动自己才能打动人心;二是感动自己需要深入人心。

一切的爱都要时间去酝酿,我们的付出要换取"回报"的力量需要触及对象的内心才能释放出来。当时我跟学生接触不到一个月,怎能奢求学生在情绪失控的前提下"谢主隆恩"!但至少百分百地投入感动了自己,也因此打动了人心。后来我与这班孩子一起走过了小学生涯,整整四年,所有的科任教师换个遍,唯独我未换,但我并不孤单,当然这班学生再也未曾让我唱过《孤星泪》。记得我两次"远游",一次是作为全国小语会60名代表赴台湾参加第四届两岸三地教学观摩活动,另一次是到北京参加国务院西部光盘支教活动,两次恰好都是十天,学生用自律、自主、自治交了一份满意的答卷,这对当时一天不闹事就不正常的班级而言,我的全身心陪伴得到了一段刻骨铭心的"情意",一辈子难以割舍的"情意",现在他们都成长得很好,我们都成了患难之交、忘年之交。

"爱出者爱返，福往者福来。"第二个十年告诉我，一时的陪伴容易，一世的陪伴不凡。顺境里陪伴容易，逆境里陪伴不凡。坚持陪伴，要有心力，方能真正点亮每一盏一世的心灯。

换个姿态与孩子们见面

第三个十年，我与孩子们的陪伴开始有了身段的变化，当我的视线与孩子们的视线持平的时候，在此可以看到美丽的教育生态。2012年8月24日，在享受国务院特殊津贴专家白莉莉校长的信任与支持下，在黄海校长的多番游说下，我走上了温州私立第一实验学校小学部校长的岗位。我又开始思考新的师生关系，如何让陪伴更有意义。当时我连续发表了五篇文章，都是陪伴与德育的话题。我觉得校长不仅仅是一个职位，更是一股德育的力量。蹲下身来，倾听心声，校长将更接地气，更具生命力。

一到学校，学生就跟我吐苦水，从早到晚，天天都是在学科教师和生活教师的眼皮底下生活，无缝对接，学生觉得缺少私人空间。是啊，全天候的寄宿制学校担心安全，不让学生独立活动，是有苦衷的。安全是天！可儿童的天性运乾坤啊！两者之间我选择了担当，给孩子们开了两个独立空间，一是午间放飞，二是午后散步，各是半小时，别小瞧了这一个小时，孩子们现在还念念不忘！

这次放手，是与学生沟通的结果。孩子们很期望跟校长聊聊天，抓住这一点，我开始推出"校长午餐会"，每个月一期，孩子们热情高涨。面对全体毕业生，我推出"校长午茶会"。校长想认识学校所有的学生，可能性不大，但不能没有与毕业班孩子的故事。在"毕业季"里，我每天中午用半个小时左右的时间，分批与毕业班的学生一一交谈。一杯茶、一席话、一份情，拉近彼此。如果借用《中国教育报》对我"校长午餐"的评论，那这两种方式就是对学生情感的一种温情尊重。

2015年8月，我到温州大学城附属学校任副校长，在浙江省特级教师陈加仓的支持下，我开始刷新陪伴的方式——向学生拜师。2018年1月29日学校结业典礼，我向全校学生发出了"拜师函"：

"潘校长，爱贪玩。看到学生玩魔方，心里痒痒痒。见有孩子耍棍棒，一边直磨掌……光看还不算，今个儿潘校长颠倒过来上学堂，向全校同学发出'拜师函'。"

"小朋友，相互传。谁有本事为师长？想一想，量一量，觉得不错就接掌，潘校长一定会当个好学郎。别光看，也别光想，打打气，壮壮胆。只要有绝招，就算24点，也是大名堂。请在假期内把要传授的本领写在下一栏。"

向全校学生拜师，这不仅把学生放在最中央，更是让学生走在最前端。"让教师成为学生的'粉丝'"，这比"让学生成为教师的'粉丝'"，来得更有滋味。

近几年，我除了用行动陪伴，还将用文字陪伴学生。第二套专著《带上对联玩偶去旅行——对联启蒙研学案》2020年由江西教育出版社出版发行，学对联，逛名城，走天下。135座国家历史文化名城孕育的对联文化，我们的学生可以赏玩于股掌之间。

第三个十年还未走完，但我知道，想做好以学生为中心，陪伴是最好的方式。

教师的本职是教书育人，教育的本分是以学生为中心。"对于教师来说，什么最重要？当然是和学生们一起成长。"这不是我说的，这是朱永新教授的箴言。

教育人生很长，这里的故事就是这本书的序言。

目　录

第二辑　对话生态　通达儿童立场

第三辑 焕发生机 活化儿童立场

一切都是经历使然

第 一 辑

尊重生命 站稳儿童立场

　　每个生命意态与生俱来、多姿多彩，是人之所以为人之本旨。懂得生命的根本是把人当人看，在根本处孕育生动的意态。儿童，是生命馈赠给人类的最初也是最为自然素朴的生态。教育者只有最接近本真，尊重每一个生命体，才最懂得儿童，站稳脚跟。

一、低身段，平视生命的心窗

教育本身就是给"生"以希望

做教育久了，看见的或经历的教育现象也多了，最可怕的也最让人担心的是把"生"做"死"了，而且是投入大把大把的时间与精力。

校园本应是生意盎然的地方。这里聚合着新生的力量，跳跃着新生的活力，舒展着新生的姿态，每一个生命体都蕴藏着他们自然成长的蓬勃气象，可我们的教育很少看到生命本身，看到更多的是一个个创建目标和一条条标准。

有人说，学校精神是以学校为主体的思想、情感和作风相统一的，对学校的生存和发展具有巨大的影响力的精神，是一所学校的历史、传统和文化，是一所学校在长期积淀中形成的精神境界。我非常认同，学校只有生生不息，才能源远流长。

生命没有唯一标准，成长没有唯一姿态，如果你有，你就把教育做成了死气沉沉。生命肯定是多彩的，我们要允许多种可能的存在，因为学校本身就是在不断追寻无限的可能。

当你眼中有了个体，就显示了你对每个生命的尊重。你会为每个独特的生命规划指向个体的教育，你会有自己学校的做与不做。你可以去完成上级下达的任务，因为你有大局。你也必然会有选择地拒绝上级下达的任务，因为你有格局。相信一个懂教育的上级领导是不会用一种标准来衡量一所学校，因为他们知道标准之下的生命已不是本来的生命，只是一个个模具炮制出来的生命。

惶恐的是，当教育标准化被进一步窄化的时候，学校教育就趋向了死胡同。我们来看看这样一个评价指标的分级表述：一级指标"教育质量"，二级指标"教学质量"，三级指标"考试成绩"，明眼人一眼就能洞穿教育被极度窄化，教育质量萎缩成考试成绩。当你得知这不是一所学校的做法，而是一个区域教育的评价量表，估计你也被深深地晃晕了。

窄化的教育会遮蔽很多教育的风景、生活的视野与工作的情怀，会让我们的工作简单化。考，考，考，老师的法宝；分，分，分，学生的命根。现代很多人有个错觉，认为这"宝"这"根"早已成为古董。其实，错了！它只是多了几副面具而已。考试对提分，来得效率太明显了，就会被广大教师频繁地简单地复制应用。教师的队伍庞大，参差不齐，再加上工作量大，很大一个群体的教师不会去研究命题，而是简单复制试题。教育被一级级窄化，最后只剩下复制的题目。剪刀加糨糊，这就苦了学生，因为学习毫无生趣。

教育绝不能简单地复制，我们要牢牢记住教育对象的复杂性。每一个学生都有自己的思想、情趣、爱好与个性，都有自己的学习起点和优势，当然，薄弱之处也各有各的不同，他们的成长路径与价值追求明显存在差异……如果说这些"生命的独特存在"正是学生富有生命力的气象时，那么我们可以说这就是生意。

我们的教育只有贴着学生的生意而为，才有生机，撇开了学习主体的真实诉求，施行"一厢情愿"的教育，即使有"成果"，那也是简单粗暴的单边主义者编织的"死结"，看似"掌握得牢靠"，实际上永远"无解"。富有生意的教育绝不是一次性的"结实"，而是无数次的

"复活"与"新生"。教师打的"结",可以让学生拆了结,结了拆,编织出更多的更为新颖的纹路与图案,新意重重,生意浓浓。

富有生意的教育,它是儿童的。儿童的天性就是好玩、好奇、好新鲜。校园的生活不能只有学科、学习、考试、排名次,否则我们的所作所为就是"伪儿童"的。富有生意的教育不能迷失了儿童的"自然性"。早在古希腊,亚里士多德已提出教育要与儿童自然发展相适应的思想。所谓教育,就是一个内在发展、自我展开与自我实现的过程。这个过程是由内到外的,外在的力量只能是压力或推力,内在的力量才是动力。只有在体验中学习、在学习中体验,才能让学习有情景式的丰满、体验式的深刻,才能真正让儿童的天性得以在学习园地中主动地尽情地吮吸向上滋长的养分。

向上滋长,就是一种生意。富有生意的教育,它是生长的。生长具有生命的阶段性,而这些阶段性又紧密联系在一起,彰显着延续性。教育不是今天一个标准,明天一个特色,如此一来,学校的阶段性成果就断层了,学校文化就断根了,也就是把"生"的教育做"死"了。很多学校原来做的一些改革,一些有价值的创举,由于易帅换将,原来主导的项目停止了,新的主导项目诞生了。还有一种类似的是学校有了很好的顶层设计,但未能很好地凝塑基层思想、统整现有资源,老师们想做新的尝试却被原有的工作惯性牢牢地拴着,让顶层设计无法真正落地。这两种现象会让很多好的教育做法——做着做着就没有了。把"有的"做"没了",把"实的"做"虚了",这种教育肯定没有生意,因为它没有真正的"落地"与"滋蔓",也就是缺失生长性。

当然,有生意的教育肯定不能脱离个体,因为生意是差异存在的。有生意的教育肯定也不能脱离社会,因为教育本身就是社会的一部分,因为人是社会的人。富有生意的教育,它是指向个体的当在与社会的自在。

当我们的教育不去了解个体的心态，不去倾听个体的心声，不去揣度个体的心意，不去启迪个体的心智，不去激扬个体的心志，教育就是没有生命的教育，就是死的教育。当我们的教育成了孤心岛，成了安乐窝，成了理想国，远离了社会与现实，它的生命也就枯竭。

教育本身就是给"生"以希望，当我们懂得了这些，人成了我们处事的起点也是终点，我们的教育就有了生机。不论有多少任务下达，有多少标准出台，有多少项目革新，有多少特色宣扬，有多少校长易位……你总会站在儿童的立场，用教育规律说话。

你心中有学生吗

作为教师，我们的资本是什么呢？绝不是金钱财富，而是心地、能力与思想，最为根本的当然是我们的心中要有学生。

大部分教师有一种感觉，长期与学生在一起，每天跟学生打交道，会自我默认——心中有学生。比如，我们上课、批阅作业、个别辅导、学分评定等，哪样跟学生没关系？可有关系不等于心中就有学生。

铃声一响，上课，是常态吧。可进班级只顾照本宣科，教是实实在在，学则虚无缥缈了。这课堂，师生可见，学习无影，显然彼此的关系只是身份的象征，学习并无真正地发生。一两节课如此，或者一段时间这样，尚可理解，就专业发展而言，允许有一段等待花开的过程。可长时间这样，甚至一辈子如此，你说自己心中有学生，那就不免信口雌黄了。

心中有没有学生，不是以有没有关系来判断，也不是你为学生做了多少事儿，看的是面对学生不同的成长姿态有没有产生正面的积极的符合规律的影响。德国哲学家雅斯贝尔斯认为，教育的根本法则应该是像云朵推动云朵一样地靠人的精神力量去影响他人的心灵，促进他人精神力量的健康成长。我们的教育影响产生于关系，但不止于关系，影响要从"心"开始。

心地要善良，要有为学生着想的善良，即使这个学生与我们没有直接的关系。有学生在的场合我们一定要把自己当成孩子，而非以成人特有的专属权益显摆。就如在校园里当着学生的面吸烟，对学生的身心有百害而无一利，任何一位善良的烟民教师都不会被自己的烟瘾绑架，在学生面前任意招摇。善良是一种无须他人提醒的自觉，要求学生做到的，我们也要自觉而为。面迎学生的躬身问好，你的礼貌回应，这是善良；大太阳下的体育课，教师把阴凉的一面让给学生，这是善良；不管在校园的哪个时空，教师都不在学生面前玩弄手机，这是善良；上、下课铃声响起，教师从不无故迟到、拖堂，这也是善良……"勿以善小而不为，勿以恶小而为之"，这就是无时无刻不陪伴着我们的善良。

心思要敏锐，能以学生为中心，及时捕捉教育教学现象，并做出精准判断和积极行动。很多时候我们一下子找不到教育教学的真相，反而会被很多假象所迷惑。假象有的时候实在太美幻了，做着做着，心思稍有偏移就很容易被它俘虏。曾记得2020年9月初，我们学校要组织建校五周年庆典，关于大操场观赏区学生的座席安排问题，刚开始有人提议让自律性强的高段学生围着嘉宾坐，把低段的学生移到远离中心区，这样可以确保嘉宾观赏节目的效果。来者是客，应当礼遇。但不能把低段学生边缘化，矮个子在后，高个子在前，后排的学生连观众都不是，充其量就是陪客。看不到节目的他们反而会更加控制不住自己，想图个安静又不得安静，事与愿违啊！对学生我们应该充分的信任，在大型庆典活动上，稍有集体荣誉感的学生都会拿出自己的最佳状态。真的不放心，我们只要安排一两个高段班级围坐嘉宾座席旁，接下来按从低到高的年段依次排序，一切也就皆大欢喜。行政会上有同事一提出让低段学生远离中心观赏区的想法，我就提出了如上的见解，这是教育价值的直觉判断，立马得到大家的认同。学生在庆典活动中本来就是主体，既是表演的主体，也是观赏的主体，更是受教育的主体。多为学生考虑，心思就敏锐了。

心境要澄明，不沾一丝杂念，尤其不要被情绪与利益所左右，那心就缠不上千棵菟丝，也不会追随蝇营狗苟辈嗡嗡逐名利。我们做教育，事务繁多，事态多变，总是难免，往往最容易被冲击的就是心境。是不是经常有不淡定的表现？最典型的莫过于临近期末的加班加点加料加码，被单式的练习，"零课间"的存在，学生成了考试的工具，学习生态严重变形，貌似你投入很多，实质上你也失去许多。全身心投入是用心，但也要慎防有悖学生身心规律的"一厢情愿"。杭州学军中学原校长陈立群说过："只考虑学生'走得出'，只顾当下'一阵子'的教育就是应试教育，真正的教育应考虑学生长远的'一辈子'，教育的终极目标是人的社会化。"他新任职的学校黔东南苗族侗族自治州台江民族中学在这种办学理念下发生了翻天覆地的变化，4年时间，他让这所学校从全州垫底的本科10%上线率增至79%。教育的奇迹来自澄明的心境，陈校长有着自己的坚守，能抵得住唯有考试才能改变命运的"挑拨"。我们不以牺牲学生当下的幸福去换取明天的生活自主，好的成绩能改变一时，好的素质能使其一生美好，持念如此，学生自在心中。

作为教师，一生就为一件事而来——把每个经我们手的学生培养好。心灵纯净一点，目标唯美一点，当我们把每个学生培养成他"最好的自己"，就是最好的教师。教育界应该以这样的教师为荣，而非争着去做"技艺控"，让所有的教师都去通过优质课、教坛新秀、名师的评比去挤"独木桥"，并用高额奖金推波助澜。大家都趋利而为，试问能有几个教师踏踏实实地研究每一个、每一科、每一课、每一刻的学生身上的真实变化？教育的最佳契机往往具有生成性，第一时间捕捉到并予以引导，能取得最好的育人效果。教育契机有时候稍纵即逝，能把爱心、精力、智慧以及时间尽可能多地交给学生，这样的教师心里肯定装满了学生。

我不反对"评"出来的名师，但我更欣赏"酿"出来的良师，因为后者离学生更近。

好的教育发端于童心

心中有学生，最为可鉴的方式就是拥有一颗童心。

我们就以教师最为常见的课堂为例，打开一扇视窗看看。这是一节近30年我都未曾听过的体育课，可能是我见识短浅，抑或是我孤陋寡闻，在此，我看到了一颗童心。

热身韵律操后，游戏欢快登场。"copy不走样"——学生个体模仿数字及字母（1、π、V）摆出造型；"冲冲冲"——在规定时间内，学生进行原地跑的动作，跑动中穿插造型动作，并保持造型的3秒停顿；"秀秀秀"——两人合作，进行A、W、H、M、N、Q、S、J等字母的造型展示；"单词大比拼"——8人合作，进行英文单词创想；"钻山洞"——各组进行山洞姿态创想比赛，再进行行进间速度比赛。

不画场地，不见器材，独独遇上课堂上雀跃的多姿动感的身影。这是2020年秋季来校挂职的上海小兄弟——金山校长的一节体育课，成本很低，基本是"净身入户"；效果很好，完全是"暴利盈收"——体能得利、智创得利、身心得利。而这些获得都源于有一颗童心。

学生贪玩，那就用各种游戏让他们玩个够；学生好奇，那就让他们去探索自己的肢体奥秘；学生爱做梦，那就让他们放飞想象合作创造……金山校长想学生之所想，而且把自己也贡献出来，让自己的身体成为学生的学习道具，学生出字母，教师来演绎，好几次都"超纲"了，金老师还是极力去表现，成功了——学生鼓掌，失败了——学生嘻哈。课上得如此融洽，是因为师生没有距离。

教师要有一颗童心，关键是自己要成为儿童，是一名名副其实的孩子王，你才会懂孩子，才会走进生意盎然的儿童世界。课堂如此，其他方方面面也无一例外。在挂职的中后期，金校长问起我："做小学教育最重要的是什么？"说校长重要、教师重要、课程重要……都不无道理，但我对"要有一颗童心"却情有独钟。

没有童心，何谈教育。童心就是真善美的结晶体，因未曾世俗化而显得弥足珍贵。只有童心不会被世俗遮蔽，也只有童心能穿透世俗，看到我们所不能看到的美好与希望。

如果有童心，我们大概不会苛求于整齐划一。可以容许学生一周内有一天不用穿校服，可以把自己最喜欢的衣服穿到学校；可以努力创造条件让不同年段的学生轮流自助，一周可以用一天选自己喜欢吃的菜品；可以打破食堂统一的餐桌设计与布局，让不同年段的学生有不同的用餐体验……因为童心喜欢变化。

如果有童心，我们可能不会拘泥于规矩与形式。不会要求学生正襟危坐地参与课堂学习；不会要求所有活动都得学校发出才能被认可，我们可以鼓励不同的力量自行发起；也不会认为学生就是学生，我们可以让学生成为教师……因为童心喜欢变化。

如果有童心，我们应该不会冷遇新鲜的事物。不会看到忽然闯入教室的鸟儿，还在故作镇定地继续原有的课堂；不会错过一场突如其来的大雪，即使你在课堂；不会吃到学校农场美味的油冬菜，却不带他们去实地看看；不会看到学校自制的药皂，却不让他们体验一把……因为童心喜欢变化。

变，是世界上唯一不变的。追求变化，就是追求永恒。在此意义上，童心即永恒的美好。我们不是否定齐整、规范、程式、传统，而是强调不要墨守成规，要永葆好奇心，要积极创新求变与时俱进。有了童心，我们就会喜欢跟学生站在一起，并不断创新，改善着他们的成长生态，教育必然丰富多彩。

童心如何看到？告诉你，她常常出现在你和学生平行的视线上。

走进温州大学城附属学校，你会看到一堵"体面墙"，整面墙都是学生第一次上学烙印下的手掌印，一个个依次排序，每个学生都能在上面找到自己。不同的是，掌印墙按上下分两大块，下面一大块墙壁上都是学生的真手印——立体陶制品，上面一大块是假手印——平面喷绘品，乍一看，很像。一面墙，一个整体。可为什么不全部用真手印？难道手掌印不够！每年都有新生入校，再大的墙壁都可能被吞并，根本不存在个数不够的问题。如果说"不够"，那是学生的个子不够，如果把手掌印往墙壁的上部分贴，那只是为了整体的观感而存在，没有为了儿童个体存在的意义而"存在"。我们把所有真手印都贴在了1.5米高度内的墙体区间，每个学生不但可以看得到，还可以不断地用自己的手掌去量一量，回味曾经，看到成长。

2020年12月15日，《中国教师报》的褚清源主编来校考察时，被这堵"体面墙"触动了，他盛赞学校真正以学生为中心，在这里看到了"儿童"。

是的，当你的视线与学生持平的时候，你就看到了美好。一堂好课，一所好的校园，一派美好的教育生机，都应该由童心缔生。

收起成人的眼光

在儿童的世界里，成人的眼光具有一定的腐蚀性。可能看不见其直接的杀伤力，但时间告知它的存在，在慢慢侵蚀你。

"椅子都是小孩子们所坐不着的。"

"桌子都比小孩子的头高。"

"门都是小孩子开不着的。"

"谈的话与做的事都是小孩子所听不懂又感不到兴味的。"

丰子恺心中如此的"儿童苦"未曾被时间冲蚀掉，就在当今"儿童意义"不断被唤醒的时代，还有着别样的"椅子""桌子""门"和"谈的话""做的事"。

2021年伊始，我去过一所学校，交流活动结束后留下来吃午餐。一坐下来，我就觉得有点别扭——好像得稍直着后背才能自如进餐，两只手臂稍稍吊着。我想，这给学生能坐吗？坐在一旁细心的校长觉察到我的一丝思虑，当即做了说明："这座位能让学生吃饭的时候挺着身子。"用心良苦！直着背，吃得快、效率高、更挺拔、显文明……这不就是"成人的眼光"吗？你是否咨询过学生的意见？我想，任何人都不喜欢这么僵硬地吃饭，何况是孩子！成人的眼光总会传递一种信息——为你好！你的好是否就是他的好？如果不是，那么这种好是不是具有一定的腐蚀性？儿童该有的勃勃生机将在你的严苛下慢慢地流失腐烂，甚至化为灰烬。

"有一种冷叫妈妈觉得你冷。"善意，不一定契合儿童的需要。成人的需要好像没什么问题，可与儿童的真切需要相逢，有时就会显得格格不入了。在真实的儿童世界里，我们不要习惯性地依赖成人的眼光。

工作中，我们时常会遭遇到成人刺目的眼光。以下话语场景是我在普通校园生活中接触到的，从不同层面折射出成人眼中的好：

"这个节目太差了，拿不出手，要不，我们就不要参加这次比赛了？"

这是一次校本课间操比赛前负责的教师跟我说的话。专业就是专业，音乐背景的负责教师眼睛里容不下"次品"。什么是"次品"？面对同样的事物，不同的人有着不同的评判标准。在儿童的世界里，童真、生气与创想比专业更重要，看来专业化的成人眼光更具毁灭性。每个舞台都是学生成长的摇篮，学校里有全国独一无二的"瓯剧体操"，集传统文化、戏剧艺术、地方风情、身体韵律于一体，加上学生一张张笑脸做招牌，即使个体局部细节并不精准，但对整体效果又有多大影响？对儿童而言，坚持生本的节目才是好节目。实质上，最后区里获奖也说明我们的思虑与坚持是对的，儿童立场，弥足珍贵。

"把书本放在公众开放区域，丢掉了怎么办？"

这是学校图书管理员的忧虑。是啊！按惯例丢掉书本，管理员是有责任的。在他的眼中学生可能会藏书不还，对文明养成也是不利。这逻辑没有问题，视角却是成人化的、传统化的，带着浓浓的成人经验。回想起我们小时候，什么都缺，书，当属此列。看到喜欢的书难免会有据为己有的念想。现在则不同，社会发展了，文明进步了，老百姓不缺资源，学生的需求基本都能满足，眼界也宽了，大气了，占小便宜的心态几乎没有滋长的土壤。如果真有个别丢失，那也是正常的损耗，可以比拟成一种"精神救济"。不要太严苛，用开放的心态信任我们的学生，包容我们的学生。在我们的校园里，不仅图书吧是开放的，创客馆、棋艺区、球场、星秀场、演播室、数学实验室等全部都是开放的，当把物品开放地陈列在学生的眼前，让他们触手可及的时候，我们能更易于看到童真，更易于发现教育。

"在这里挖什么坑？请后勤人员赶紧找张篷布铺起来。"

这是一位领导在学校沙坑前的一个指令。在他眼里，这沙坑埋伏着危险，学生玩着玩着，万一把沙粒撒进眼里咋办？弄了一身脏兮兮回家，平添了家长闲话。保安全，少惹事，成人思维下孩子的天地就被封存了。孩子天生喜欢沙土，无形的沙土可以变化出任意的形状，是一种有着无限可能、无限解法、永远不会玩腻的益智玩具。如果你坚守儿童立场，你就不会一句指令结束儿童的嬉戏方式。你会去调查，听听学生的意见。如果原地不合适开放，可以为有需要的学生开辟一块"沙土乐园"。任何一种人为的玩具都无法与大自然的赐予相媲美，沙和土适合所有心智状态的孩子。

成人的眼光，往往有着岁月的精明、世故的成熟。喜欢用自己的阅历来改变儿童阅历的"自然周期"，让儿童跨越式发展，眼光里透露出"为你好"，时时具有干预性的，看似积极，实质上往往越龄，脱离了年龄段所能感知的程度。可能我们不会一下子看到它的杀伤力，但如果没有"童理心""感童力"，小学就会被腐蚀得失去本来的味道。

小学阶段，是每个孩子起步于懵懂、生长于快乐的童年时光。有些举动是他们这个年龄段自然的流露，不同的花期总是等着时间的召令。看似大家都懂的道理，在成人的眼中却有点模糊，"小大人"成了他们的标本。我想这也是被腐蚀的结果，剩下的只是骨架式的标本。不禁让人感叹——现实真的有点骨感。

孩子不是"小大人"，孩子就是孩子。丰子恺曾言："世间的大人们，你们是由儿童变成的，你们的'童心'不曾完全泯灭。你们应该时时召回自己的童心，亲身去看看儿童的世界，不要误解他们，虐待他们，摧残他们的美丽与幸福，而硬拉他们到这枯燥苦闷的大人的世界里来。"在儿童世界里，我们成人的眼光应该是成熟里蘸满童年的味道，以儿童的视角观照儿童的美好。

2017年，我曾以挂职锻炼的机会走进杭州市学军小学，校园一角养着小动物，大一点的，如羊啊，鹅啊，都在圈里。更稀奇的还有走出圈外满地晃悠的小黄鸭，时有屎尿，也不怕生。这还是我第一遭看到这样的校园！这学校懂孩子！回校后，我立马效仿，独辟校园一角为"紫溪牧场"，也养起小动物。在学军小学的基础上我还创立了轮流值养制度，一周带回家里一次，或者由领养者带回喂养，期末组织拍卖会，把养大的鸡鸭兜售出去，攒得第一笔资金让学生养护拓建牧场，周而复始，成为儿童的创业基地。这种做法，就是生意演化的N次方，孩子们乐着。

于儿童的角度思考问题，在儿童的需求处坚守生本，会让我们看到不一样的风景。当真正走进儿童的世界，我们就会明白，在孩子的眼中，雪化了并不只有水，还有春天！

让不得已的惩戒充满尊重和爱

"你给我老！"

"哈哈！"

"你给我再老！"

"哈哈哈！"

"你给我老！老！老！"

"哈——"

"老"在我老家的方言中有一个义项是指狂妄自大、老里老气。瞧这对话，师生是干起来了。

课堂上师生对峙的这一幕，虽然是在我的初中时代发生，但老师的怒吼与无奈，同学的嚣张与不羁，却深深地印在我的脑海里。由于我从事教育工作，这一幕常常被特定的情景唤醒。

这位初中历史代课老师第二个学期就不来学校了，辞了职，实在憋屈！这故事真实地在20世纪80年代演绎，可隔了30多年，至今校园里也时常提起这不老的传说。师生之间的对峙从未停息过，只要有教育的地方，就有师生关系的矛盾冲突。只是有些剧烈一些、频繁一些，有些则缓和一些、残喘一些。

教师与学生斗智斗勇，成了我们师范生的必修课，也是我们走上三尺讲台后一辈子的修为。当面对学生犯错的时候，你一心想着治治他；当面对学生与你叫板的时候，你一心想着杀杀他们的锐气……这确实是在"斗"，可这里只见蛮勇，不见睿智。如此，即使给你惩戒权又待如何？很多教师梦想着手上拥有一把戒尺，可以教训教训桀骜不羁的学生。可即使给你把尚方宝剑，你不会斗智斗勇，这把宝剑也永远不可能有威慑力。

回溯到20世纪80年代的课堂那一幕，历久弥新。你说那个时代没有惩戒权吗？不！不仅有，还有家长支持你，支持你打骂孩子。"棍棒底下出孝子"，家长们也认为"打骂之下出骄子"，可有用吗？那时的教育不也天天演绎着不老的传说——师生对峙。那个时候比现在多得是"辍学的孩子"，过度的惩戒只会把学生跟脏水一起泼出去。

面对2021年3月1日起施行的《中小学教育惩戒规则（试行）》（以下简称《规则》），你是否有过分的激动？是否有一种相见恨晚的感觉？如果有，你的心态就不适合施行教育惩戒。教育惩戒是万不得已之举，是理性的权杖，千万不要作为自己感性的武器。人，是情感动物。教师作为人，常常会被情绪所左右，面对喜欢的学生，犯了错没关系，面对不喜欢的学生，看到一点点别扭都觉得不顺眼，此时教育惩戒可能会被情感所影响，有可能会让惩戒偏离了真正目的。

《规则》第四条明确："实施教育惩戒应当符合教育规律，注重育人效果；遵循法治原则，做到客观公正；选择适当措施，与学生过错程度相适应。"显然，执行《规则》，实施惩戒，须理性，而非感性。此处的理性，不是简单地套条款实施惩戒，那不符合教育规律，因为你忘记了教育的对象——人——本身的差异性。

立德树人，惩戒的真正目的在这。任何简单地套用条款，都不是"立"，更多的是"破"。"选择适当措施，与学生过错程度相适应。"我觉得这还不够，基于教育规律，了解学生，理性剖析，这则规定还得补充一句：与学生承受状态相适应。有人可能会质疑：这不是又回到感性的层面，因人而异啦！

教育本身就是因人而异，这是教育规律。教育如此，教育惩戒也是如此。这不是感情用事，跟着感觉走，而是基于教育对象——人的理性剖析——差异关照，最终达成教育惩戒的真正目的——立德树人。

其实，任何惩戒都是刚性的，但我们教育人要柔性落地。你不要开心于自己马上就可以拿到"镇生之宝"，可以披荆斩棘了。切记，你一用就会有阵痛。跟拳击墙壁一样，你力气越大，反弹的力量就越大，弄不好，粉身碎骨都有可能。

如果你不得已用教育惩戒，那一定要从尊重学生开始。不是所有学生都能接受你的怒吼，也不是所有学生都不怕被惩罚。不同学生的心理忌惮什么、承受几何？都要有所了解，只有与学生多多相处，才会知己知彼，顺其而为之。

不得已施行教育惩戒的时候，千万别自己独家制裁，要多听听学生的意见。《规则》第五条给了我们很明确的指导："学校应当结合本校学生特点，依法制定、完善校规校纪，明确学生行为规范，健全实施教育惩戒的具体情形和规则。学校制定校规校纪，应当广泛征求教职工、学生和学生父母或者其他监护人的意见。有条件的，可以组织有学生、家长及有关方面代表参加的听证。"不论是拟定校规的起点，还是意见收集的过程，或者是最后的听证，都离不开让学生发声。有惩戒，非特殊情况，不要急于第一时间处置，先缓冲一个时间，能冷处理尽量冷处理，腾出时间让犯错的学生自己反省，处理意见让班委会讨论。

这样做的好处就是直指教育的目的——立德树人，教育更多的是自我教育，让其反省，给出了机会；教育更多的是集体的影响，众筹讨论，搭建了平台。学生个体与集体的共同参与，让不得已的教育惩戒充满了尊重和爱，其直接的效益就是让学生讲规矩、明是非、担责任、正行为。

　　我们始终要记住，施行教育惩戒的时候，我们的对象是人，是孩子！

孩子，欠你个爱的抱抱

宁静的校园，正当午，热风细细，蝉噪声此起彼伏。学生午间休息去了，偶见几个进出办公室的学生，有的徐步，有的小跑，有的彼此之间悄悄私语。唯独一个学生站在办公室门口，靠墙站着，好像在等待什么。

我问她，她也不说，看她手里攥着一张小纸片，我探过身去一看，原来是张"小喜'抱'"：你真棒！给你一个爱的抱抱，无限期。署名袁老师。"爱的抱抱"，我在每学期学校征集的金点子上见过，也听过袁老师讲过这样的教育故事，学生挺喜欢，挺期待。从眼前学生沮丧的眼神看出心里装满了遗憾，我当即给她一个爱的抱抱，说："袁老师肚子里的小宝宝这几天着急了，快生了，得请一段时间的假，过几天，你就成为小姐姐了，我们用笑脸为袁老师送去美好的祝福，好吗？"学生点点头，笑了。我接着说："袁老师欠你个爱的抱抱，回来一定会还给你两个爱的抱抱。"学生点点头，攥着那张小纸片回去了。

望着学生雀跃的身影，我知道抱抱是爱，也是期待。它会让人感到愉悦，内心温暖，会提高人的纽带感和信任感。不仅学生需要，大多人都需要。只是有些人看到了，并努力去做了。也有一些人看到了，只是心动了。还有一些人压根儿就没看到，容易错失人之常情的补给。

我在微信朋友圈，就曾看到这样一段小温馨：晚上接到一个家长电话，要过来"抱抱孩子"。孩子这两天考试压力比较大，睡不好，腿抽筋，妈妈心疼孩子，抽空赶过来见一面，只为"抱抱孩子"。这样真好，给孩子以抚慰！朋友的这段感言，道出了妈妈力行抱抱，教师认同抱抱，更重要的是孩子需要抱抱。没有曾经的母女抱抱，没有孩子对抱抱的接纳，这位妈妈是不可能在夜里大老远赶到学校。

"拥抱是我们生活的必需品"，在合情合理合法的前提下，家长给孩子、老师给学生一个爱的抱抱，会让生活更美好。

拥抱，直接的理解是身体上的接触，延伸出去也包含着心灵上的悦纳。你悦纳了学生，学生才会"入抱"。反之，他会远离我们。有位年轻的体育老师刚接任班主任，对这浅显的道理就不明白。一次大课间，他请教我一个问题："班级里这学期来了个新插班的孩子，上课不专心，吵闹，还不听管教，作业经常不做，跟他家长说，家长很无奈，也不管不问。这不，昨天又跟同学吵架了，我想明天秋游就不让他参加，让他在家里好好反省几天。这样做，可以吗？"我问："家庭怎么个情况？""父母都是985高校的教授，刚刚到温州高校工作。""这孩子在老家学校就是出了名的，爸爸妈妈拿他没辙。"新班主任补了一句。我给他三点意见："第一，天下父母心。名校教授来温州图什么？不就是为了孩子吗？如果能够因环境的改变，因老师的变化，而让孩子有了新的转机，父母完全可以舍弃自身的利益。对这样的孩子，我们更应该慎重。第二，改变不会一蹴而就，而是一个梯次修炼的过程。任何养成的不好习惯是很难一下子改观的，你得有一颗包容心，同时班级里的每个学生也要学会包容。第三，教育需要契机。正常的教育教学活动，你对学生一下子找不到好的办法，学生喜欢的秋游活动，你却剥夺了他参加的权利。把学生喜欢的东西暂时剥夺了，是成人常用的自以为是的办法，欲图起到敲山震虎的作用，实际往往事与愿违。学生不喜欢的，你制止；学生喜欢的，你剥夺。你这不是把学生往外推吗？你还有什么机会教育学生？如果这一推让他更排斥这个学校和你，你花再多的时间都难弥补。刚刚从外地来校插班又很特殊的学生，我们应该拥抱他，接纳他。再结合他是男孩子，充分发挥你作为体育老师的优势带动他，温暖他，鼓舞他。"

真的，听了我的意见，这位年轻的班主任如法炮制，收到了预期的效果。

抱，有爱；推，有害！孩子需要一个"爱的抱抱"，只要我们理解学生，我们就会在适宜的时机，用适宜的方式，传递出一个个"爱的抱抱"，包括悦纳式的心灵拥抱。

二、敬规律，搭准生命的脉搏

把准学生心理的起起落落

在教育阵营，绝大多数的人所能做的，也是较为美好的，是曲线进阶——曲折过程，向上进展。因为我们面对着千姿百态的生命个体，因为我们牵系着境况各异的千家万户，因为我们与万千大众一样，都有一个未知的明天。每个学生的心态、情绪、意念、脾气等会因为下一步的未知而产生无穷可能，面对几十个来自不同家庭的孩子组成的班级，不要奢望每天每时每刻学生都那么平顺，精神面貌都那么谐和。

有时候，学生的变化是生理性的。就如随处大小便，你不理解，可能就会把其当作恶习而大张旗鼓地批评教育。有次大课间后，我随着最后一支队伍返回教学区，路过一片草坪，远远看到一个光屁股的小孩蹲在斜坡上，当我拿起手机拍下那一幕并即将发布教师微信群时，一个家长拿来了裤子，后面还跟着班主任。我立马停止了愚蠢的举动，在真相未明了前，直觉这是恶习，欲图在教师微信群里广而告之。我心底里庆幸自己动作慢了半拍，同时也感谢即时出场的家长与班主任，是她们让我更深层次地看待这一问题。学生是一年级，大课间的运动场离卫生间很远，他们常常会有生理性紧张，憋不住，拉到裤子上，脱着，蹲着，候着衣物的救济，多好的孩子。理解了，我们就不会大惊小怪，就不会错怪学生，错怪教师。这个教师面对"出乎意料"的行为，及时与家长补位，这是"意料之中"，得益于教师的用心、家长的配合。我们常常看到有些优秀的班级安有一个公用的衣裤柜，为的就是应付这不时之需。

有时候，学生的变化是心理性的。本来表现挺好，忽然开始有了变化，这时我们得读懂他们的小心思。脱离儿童立场的了解，是很难调适其心理的突变的。你不能厌烦，心理敏感的学生对厌烦越敏感，你越要面不改色，春风依旧，让学生看不出你的心思。这种教师心态，是对起起落落的学生心理的积极性适应。心理有波澜的学生最需要教师与家长的理解，所有的教育行为跟进都要搭构在"心桥"上。我们学校有位老师分享了一段《迟到救星》的故事，其中面对突发的学生迟到现象，她不急不躁，根本不循说教的常规，而是来了次走心的行动，给人启发。故事里这个小女孩平常都能准点到校，忽然有一段时间迟到，到了学校又不敢进教室，有几次在教学楼、图书吧徘徊，路过教师提醒她回教室，她应得好，可实际上还是东躲西藏。刚开始怕迟到被老师批评，后来就怕旷课被批评，干脆就不进教室。结果肯定会越来越尴尬，走进了无法解困的死胡同。老师跟家长、学生沟通，发现是女孩子长大了，扎头发耗时长了。老师不深究什么，只是在晨间时光，于教室一角设一个抽奖箱，如果她不迟到的话，就给她抽两次奖的机会。这位学生就因为多一次晨间抽奖的机会，又重新找回不迟到的自己。改变，并没有惊天动地之举，无非就是懂学生的心理。

有时候，学生的变化是社会性的。他们在学校里所担任的不同角色会发生一些"利益冲突"，彼此之间的关系处理有时会紧张，这些也无须见怪。有主角就有配角，有"等级"就有"管制"，难免会因为角色的不同而产生矛盾。你不要用不可理喻来形容，而要用非常在意来看待。比如一场足球赛，有学生因为出场的次数少、时间短而发飙，不听从教练的排兵布阵，死赖在场上不下来，就连站在一旁的家长也力挺自家孩子，大骂教练狗屁不通。遭遇这样的父子兵，换作是你会怎么处理？前提肯定是不要紧张，不要被家长这种剑拔弩张的嚣张气势所俘虏，确定这只是"非常在意"。接着要做的就是兵分两路，对家长要严厉地训斥一通，因为他在学生面前树立了不好的形象，对学生要容许他候补，至于什么时候上场得看他接下来在场下的表现，让他明白自己违反了规则，不服从教练安排，别的不说，就冲这一点，得先退下。站在儿童的立场，痛斥了家长，交心了孩子，尊重了全场学生，收到了教育的效果。学生的社会性常常会产生不同的立场，正因为有不同的立场，才有社会性的一面。有时候因立场的不同产生不理解，我们要积极面对，引导学生站在大局观思考与处理问题。

儿童心理的起起落落，告诉我们教育不是风平浪静的。"出乎意料"就是"意料之中"，这是我们面对突发的儿童现象能稳妥处置的信条。有了这一信条，不论发生何种不和谐的儿童现象，即使间歇性的"旧习反弹"，注定你会用一颗爱心去包容，去呵护，用积累的经验去应对，用通融的思想去化解。

教育讲究"经营之道"

做教育，绕不过"经营之道"。

不会经营，做着做着就会"亏本"。教育之本在于立德树人，不能亏，也亏不起！懂得几条经营法则，有助于教育"盈收"。

法则一：活化资源

教育如何经营？犹太人的营销法则——"要么把更多的产品卖给同一个人，要么卖给更多的人同样产品"，富具启迪意义。

当我们把学习与表现的机会以及荣誉集中投向"一个学生"或者"一小拨人"的时候，学校的先锋人物或者领袖型人物就容易树立，从而发挥榜样作用，带动全校学生迎头赶上。

当我们向更多的学生输送同一种学习机会或荣誉的时候，学生之间的竞争活力就增强，该项目的特色就被集体热度蹭红，学校的办学特色也就逐趋明朗。

就如小小主持人，一般不是先有主持人，而是给某些学生主持的机会多了，就有了主持人。如果我们只想着机会均等，全校有一定能力的学生轮流主持不同的活动，那么学校就很难培养出真正的金牌主持人。换一个角度，如果我们把主持人培养当作学校的特色产品，做成校本课程全校普及的时候，舞台主持、言语表现与沟通能力也就成为学校的一张育人名片。

教育不支持机会主义，也不倡导表面主义，不要把教育公平流于表面、满足表面、忽略本质。学校教育是利用集体的力量激发每个个体向上的力量，在机会与资源上做文章，在集中发力与全面提升上做文章，在集体与个体相携共进上做文章，做到"教育成效最大化"。做学校教育不是简单的按部就班，它需要用心经营。犹太人此法放在学校工作，那就是活化资源的一种策略应用。

法则二：为学生服务

活化资源，能很好地经营教育，但学校经营的第一法则当属"为学生服务"。学生是学校之所以长存的根基。有学生才有学校，有优秀的学生才有著名的学校。只有把学生放在学校工作的第一位，置于最中央，学校教育才不会成为无本之木、无源之水。

凡有学生在的场合，我们的所作所为所虑都要以他们为圆点展开。记得我校有次组织党团队联建活动，最初的方案是到瑞安曹村进行廉洁主题研学，结果组织者实地踩点后发现廉洁长廊还在修整，不方便组织活动。后来改为去瑞安国旗馆，党团队代表参观，党员宣誓，顺路访学晚清经学大师孙诒让读书之所、江南四大藏书楼之一的玉海楼，再吃个工作餐返回。收到新的方案报告，我就问一个问题："学生在哪里？"是啊！整个新方案看不到学生的影子，学生代表6人都是获得廉洁主题征文奖项的，去曹村可以让他们研学廉洁丰富认识，可到了国旗馆、玉海楼他们只是观众随从，那让他们乘车40分钟到邻县活动还要夜晚七八点钟返回温州，意义何在？我的问题与简短的对话给了组织者启发——学生第一，是我们思考问题、开启行动的圆点。最终新方案暂缓带学生一起，避免为党团队联建而"党团队"，下次再择时机直走曹村。有学生在场就要"学生利益最大化"，如果没有，千万别让学生来凑数，宁可活动暂缓。

法则三：取舍有道

有了学生第一的立场，经营学校教育的时候就方便我们落实法则——取舍有道。学校工作很多时候都是取舍的博弈，要还是不要，都要以大局为重。大局是什么？肯定是学生的健康成长。有利于学生的，我们就取；不利于学生的，我们就舍。当然教育工作并不是事先摆在那里让我们综合分析、理性抉择的，它往往是动态生成的，这就需要用心经营。经营与一般的管理相比，其内涵更强调动态性谋划发展，在动态变化中能不偏不倚拿准基调。尤其是在自己工作忙碌、情绪波动的时间段，更需要拿捏精准，取舍得当。

事情一忙，就有了取舍，而且常常会站在自己的立场取舍。这不，我就遇上一回。期末，大家都忙，兼着主科教学任务的学校行政人员更忙。恰恰在这个节骨眼上，学校要举行院士奖学金成立仪式，需要组织晚报小记者现场采访院士和领导嘉宾。当德育处行政人员在活动的前两天向办公室提出这个任务时，被拒绝。表面理由是采访院士多次，无话可问，实质上就是一个字——忙。的确，当我与他直接交流的时候，他最终也兜底了。

取舍有道，忙中不乱。我们需站在"学生利益最大化"原则上做取舍，不因自己忙而放弃学生采访的机会，任何理由都无法掩盖它的苍白与无力。本次采访与以往雷同，这理由站不住脚。本次主题是首期奖学金成立，不存在雷同；小记者换一拨，不存在雷同；平时学生项目化学习科学类内容可以借此机会向院士及其团队求教，也不存在雷同。让学生站在院士面前采访，每一次都是一生难忘的经历，都是莫大的鼓舞，都是自我挑战的机会，我们没有理由让他们错过。我们工作忙，可以通过合理分工来缓解，可学生错过锻炼与成长的机会，对这一次而言，一定是百分之百的资源流失。

法则四：勿盗窃时间

机不可失，时不再来。经营教育，我们既不可以盗取学生成长的机会，也不可以盗取学生的时间。犹太人经商格言中，有一句叫"勿盗窃时间"，与此理相通。所谓"勿盗窃时间"，是告诉犹太人不得妨碍他人的一分一秒时间。盗窃时间的现象在学校相对还是比较普遍的，如课堂拖课、上课迟到、吃掉副科、放养式、满堂灌、零课间、题海战术、大一统作业、没有目的的行动等，都是在盗窃学生的时间。学生对此厌烦，学校教育效果也就不显著。

重视时间，它的另一层意义是抓紧每分每秒。如果学校抓紧一分一秒，则可以赢得生机。学校的教育是极其有规律性的工种之一，每年2个学期，每学期20周左右，每周30节左右的课，每天六七节课，每节课40分钟左右，每个学段都有一个明确的规定，抓好每分每秒，就是追求效率。有高效率，就有真自主，学生就真正拥有更多自己的独立时空。

"勿盗窃时间"最好的办法就是做好提前规划，学校大型活动至少要提前一个月把组织方案告知教师，教师才能有计划地实施。就如一年一度的体育运动会，如果等到最后一周才告知具体方案，教师就没办法合理排兵布阵，平时集训就缺少针对性，那对小运动员而言，有可能把大把的时间耗在了非强项上训练，这就是变相盗窃时间。学校每天发生的小型事件也不可随意，我偶有发现个别班级上体育课，上课铃声响了多时，他们还到处乱窜——找老师、找场地、找器材，没有老师的事先告知，一节课的时间就被偷食了许多。

除了做计划，重要活动还要做好预案。室外考虑"晴雨表"——万一下雨呢！室内注意"光明顶"——万一停电呢！多为学生着想，不浪费学生一分一秒。

法则五：为学走四方

做教育，时间上不可盗窃，空间上也不能束缚。"为学走四方"则是新时代教育的经营法则之一。近几年全国盛行研学旅行，明摆了新的教育之道。读万卷书，行万里路，交四方友。"行走课堂"既让学生广泛涉猎、丰富感知、深度体验、厚积阅历，更是契合了素质教育的理念，是在学生的身心特征、学习需求上做教育。学生不喜欢时时蹲在教室，不喜欢天天绑在学校。束缚空间，不仅学生在主观意识上不喜欢，而且学习的客观规律也不允许。

我们学校引进"境脉学习理论"，在周边4所高校开辟了24个学习场馆，让学生走出去体验式学习，很受学生喜欢。我们还开辟了三条研学路线：一是红色研学之路——指向精神底色，让学生从学校出发毅行五公里到习近平总书记亲植的榕树园开展"十周岁成长礼"；二是蓝色研学之路——指向智慧培育，让学生沿着温州数学家成长之路，走访"温州名人馆""苏步青纪念馆""姜立夫纪念馆"等；三是绿色研学之路——指向文学素养，让学生走进"朱自清故居""梅雨潭"，还走进中国"诗之岛"——江心屿，开启绿色主题的诗文研学。学生们为学走四方，获得八方的阅历。

所谓的"全域游学"，并不局限于自然、人文、社会与物理的真实空间，还可以在虚拟空间"为学走四方"。"VR技术"的介入，可以让学生在更为立体逼真的虚拟空间发生"坐享天下"的学习。我们学校与温州大学合作开辟"VR作文"实验，在VR技术下学生能360°深入感知，触动感官，确保有话可说。当然还有其他的"益智桌游"等，开发一些健康可控的学习小程序，让学生借助云端起舞。

虚拟学习不局限于"线上"，"线下"也可以虚拟运营。我们可以借用古今中西相关的资源，围绕一个主题开辟课程，学生不用"步行游学"，也不用"线上游学"，而是在"教室游学"。如对联启蒙，我们要改变识识记记读读背背的办法，学生学习需要在一定的语境下应用。基于这一点我开辟了"名城联语"课程，把对联学习置于中国135座国家历史文化名城的境脉中，各地丰富的天文地理、风土人情、自然风光、文化传统等孕育了生动的对联气象，我花了四年时间编著了《带上对联玩偶去旅行——对联启蒙研学案》，2020年8月由江西教育出版社出版发行，实现了足不出户亦可领略对联风光、语用对联的教育愿景。

开放，不止于一种开放；开放，起启无穷才是开放。学生不喜欢蜷缩在学校的一隅求学，不喜欢待在"四角天空"下过校园生活，我们做教育，要尽最大可能满足他们无穷的念想。

法则六：沟通创造价值

一个在犹太人中广为流传的经典故事是这样的：有人把一个橙子给了两个孩子，于是，这两个孩子便为了如何分这个橙子而争执起来，此时那个人就提出一个建议——由一个孩子负责切橙子，而另一个孩子先选橙子。结果，两个孩子各自取了一半橙子，高高兴兴回家了。看似公平，实际上回家后，一个孩子把果肉挖出扔掉，把橙子皮做成烤蛋糕吃；另一个孩子把皮丢掉，把果肉做成果汁喝。两者未能达成物尽所用，没有实现利益最大化，这种公平就是资源的浪费，这是没有沟通产生的价值缩水。

学校也是这样，没有沟通就很难明了学生的心思。就如2020年4月，宅家学习转为到校学习，但防疫要求不能松，学生一进校门除了量体温，还得洗手。刚开始还一一排队严格履行防疫要求，"七步洗手法"一步不落，后来有些学生开始简化，甚至稍不注意就不洗手。批评教育，作用不大。大队部召开学生代表交流会，才得悉不洗是因为手湿了没得擦，湿淋淋——难受！有时候工作会有疏忽，沟通可以弥补。我们立马上架纸巾，晨间洗手的局面又开始转好。

师生沟通的方式很多，除了面对面话语交谈，还可以书信往来。如"校长信箱""心语小屋"，尤其别忘了一年一度的"学生提案"。优秀的"学生提案"里彰显的是责任心与参与感，是培养青少年主人翁意识和责任感的重要途径，学校教育不可忽视。对于"学生提案"，我们不仅要回复，而且要实地专人回复。学生提出"食堂每日菜谱要让学生来点菜，菜品荤素搭配要合理"的建议，我们不能简单回复"学校已开展学生点餐活动，菜品搭配已做调整"，而应该带着提案学生去食堂亲自体验一回"点餐制"，并在实际餐桌前解说如何做到菜品合理搭配。这种沟通就清晰，做到点对点的回复，并且体现了学校的诚意。

法则七：爱与诚信

说到诚意，其实也说到了经营的根本——爱与诚信。"学生第一"是首位，"爱与诚信"就是根本。没有爱就没有教育，没有诚信就没有教育。

只有爱我们的学生，我们才能"无差别"地看到教育。"无差别"不是"没有个体差异"，是指我们的"爱"不受对象、任务、时空的变化而变化，跟我们的亲人一模一样，只有这样我们才不会生出"教育近视"——看不见异样的教育生态。就好似学生裹着帽子围脖一体包头帽在操场进行跑操，班主任却视若无睹。我常把学生当作自己的孩子来比拟，如果是自己的孩子，我会让他裹着头跑步吗？在大冬天里，学生上了体育课后穿着一层单衣走进教室，我们会不会提醒他穿好外套呢？现象很常态，但现实中却常常没被看见。一次次让你传递爱的时机流失了，就等于错失了一次次教育的机会。

诚信也是如此，它能兑换来学生对你的信任。答应学生的事情一定要做到，即使特殊原因冲突而暂时搁浅某项约定，事后务必如约兑现，如果客观条件已无法达成，我们也得跟学生沟通并达成新的最佳兑现办法。学校做教育要敬奉诚信。要把诚信做得更好，不仅向学生兑现承诺，更要与学生一样遵守《小学生守则》及其班规，学生不能迟到，我们也不要迟到；学生不能玩电游，我们也不要玩电游；学生不能抽烟，我们也不要抽烟。学生做得到，我们也做得到，学生就会更加信服我们，教育就会步入正道。这么做教育，对自己实在苛刻，可这对于学生的健康成长、生意盎然，一切都是值得。

总之，学校教育之道是"以学生为中心"的理念实践，让我们看到了教育落地的路径转化，其思维方式与学生利益紧密联系，需要我们在实际的教育教学活动中分析和洞察，真正实现学生利益最大化。

做教育要有"成本"意识

"创每个孩子发展的教育""创每个孩子回味一生的教育""让每一个生命尽情舒展"……这些口号我们耳熟能详，在21世纪，学生个体生命的价值意义备受重视，各级学校都在大力投入，积极促发每个生命的精彩绽放。

开学典礼、结业典礼、毕业典礼、十周岁成长礼、校庆日、入队礼、儿童节、体育节、读书节、艺术节、科技节、英语节等，节庆典礼粉墨登场，气象恢宏，好不热闹！仪式感爆棚，学生喜欢，也受教育。

热闹之后，我们常常得静下心来想想：付出与回报是何关系？付出>回报？付出＝回报？还是回报>付出？值得思忖。

为了让每位学生形成国际视野，了解国际文化，展现体育文化，学校组织了国际范十足的开幕式，各个运动员踏着进行曲随着"国家方阵"精神昂扬地进场，炫丽的服饰，精彩的表演，独特的创意，浓烈的异国风情渲染了全场，点燃了激情。为了让每个学生都能成为运动员，一起驰骋赛场，学校设立了团体趣味赛，零门槛运动满足了每个学生的动感表现需求，真是处处为学生着想。

我们不能否认这种活动普及的意义，他让体育运动不再止于体质与技能的较量，也不再只是体育特长生的耀眼舞台，在运动中融入文化，在小众中融入大众，体育运动会的意义被放大。单从活动意义的本身考虑，此类运动会非常有价值。如掂量其性价比，那又得视实际而议。

就直接的经费支出而言，田径竞赛与团体趣味项目全校总开支才3000元，又属于运动比赛必备物品，开支少，受益面大，性价比肯定高。开幕式班级方阵展示每个班2000元，以一个班40人计，一个人开支50元，用于租买服饰、表演道具等，开支不大不小，其性价比高低与展示效应相关。

从时间上看，如果体育运动会就半天，开幕式花时一个半小时，占据一半日程，运动竞赛时间紧缺，这是喧宾夺主；从参与人数看，如果表演方阵就是班级里几个才艺生组成，大部分学生当观众，这是孤芳自赏；从表演主题看，服饰与道具仅仅为了好看，烘托气氛，与国家文化特色和体育精神并无直接关联，这是表面文章……如此总总，这个钱花出去就不值得，性价比也就低了。

做事情一定要考量成本，做对了，就物有所值，价有所取。成本大小如何预估？

有时候能一眼洞穿。花了钱，没用起来，就会产生直接的经济成本。就如学校周年庆，你做个木制大蛋糕，花了3000元，结果预期要呈现的作品没有收集好，无法在蛋糕架上展示，那就是浪费。其实成本意识强，会反过来推动我们落实工作计划，倒逼自己把要呈现的作品过程化并高质量亮相。"总不能让做好的东西闲置了"，这是"成本"的叮咛。

有时候要时间检验。学校很多工作的付出，回报率一下子看不出来，得一定的时间周期才能看得分明。现在我们买一批户外书巢，放在校园的不同位置，可是一段时间下来，也没见几个人在晨间、课间、午间、晚间等闲暇时间翻阅过其间的书本，一万元的投入，价值不菲，可利用的价值不高。最初的想法是让每个学生随时随处都可阅读，实际上却收不到预期的效果。过了一个学期，我们在书巢旁做了一些靠背椅，一下子就有了人气，过路人顺手捧书阅读成了大家自然的生活方式。后期的经费投入，带动了首笔开支的价值回馈。时间告诉我们成本，时间也给了我们改良成本价值的机会。

　　同样是书巢，配套设施不同，效益发挥各异。这是比较分析得出的结果，成本预估要有这种意识。通过比较分析改良，实现价值最大化。尤其是非直接性的经济成本支出，更需要比较分析、理性判断。在学校，人力成本比经济成本更为频繁地被调用，如何让有限的人力用到刀刃上，极其考究我们的智慧。

　　拿球类比赛来说，其他因素不变，唯独在时间上做三种排法：①指定某一周举行；②每天午间或午后举行；③每天大课间举行。比较分析发现：第一种昙花一现，学生不过瘾；第二种学生、体育老师、班主任得专门腾出时间，影响休息；第三种常态进行，每个大课间全校教师都得到位，在此期间安排几个班级在球场进行赛事，大家都没有"被捆绑"，只是在本应该出席的时间段转战赛场完成任务，学生也只是从常态的大课间活动项目中腾挪出来，开展专项球赛，无论对谁都没有增加额外负担。这种机制下，给了球赛常态的生机。如果要满足学生最大利益，又要降低各种成本，选第三种最为合适。

　　教育的投入是比较复杂的，在成本预估上，除了财力、物力、人力外，心力的成本最难把握，更需要在正确的教育理念下审视。就如犯错，教育者对此都极其敏感，"这不行、那不行"，在学生的成长环境上过分"包装"——处处不给学生犯错的机会。短时间内学生都成长得很好，因为大家没有犯错。长远看，当学生步入社会，遇上各种复杂问题，由于在学校学习时并无犯错的机会，未有相似经验，那么在社会上因犯错付出的成本会更大。李希贵曾言："3—18岁的基础教育，真正作用是在这个教育者守护的边界里，让学生尽情选择，充分试错，亲身体验成功的喜悦、挫败的迷茫，让那些经验促进学生成长，这个成本可比进入社会再犯错小得多。"要让他们安全地犯错误，有这种理念做指引，我们的所作所为必然有助于促进学生心力的强劲续航，并且长时间地发挥作用。

学校的教育成本，有直接的，有间接的；有显性的，有隐性的；有短期的，有长期的。一句话：教育有深浅，"投资"需谨慎。

一辈子只做精一件事

  犹太人有个大道至简的暴利思维：一辈子只做精一只股，用50%的资金买入，上涨10%时再用30%的资金加仓。看似简单，可其中含着的经营之道是我们无法一时半刻能够参透的，这需要花一辈子的时间去专心投入。其思维值得我们教育人参照：一辈子，专一。

  从师范院校毕业，我们就有了一份神圣的职责——一辈子做教育。从业的时长没有多大差异，可教师成长的境况却不尽相同：有的以教师职业为谋生手段，满足于完成了学校交付的任务；有的也拼搏过争取过，可在一定时段专业停滞不前就出现"内卷"，懈怠了；有的随着岁月的洗礼，专业越来越精湛，有了一定的名望；有的则无所事事，或处处挑事，成为人人不愿搭伙的"多余"……

  一辈子教书育人，就是一辈子跟孩子打交道，不懂孩子需要什么、看重什么、追求什么，就很难有专业的高峰体验。而要了解孩子心里想什么，并能根据既定的教学计划开展孩子喜欢的高效的学习活动，靠的就是专业。什么是专业，就是一辈子专心做好一件事。只有这样才能懂教育，才能做教育，才能做活教育。

  教师的主阵地在哪里？课堂，毫无疑问。做教育最重要的是自己把课上好，又让学生上好课。一辈子跟课堂打交道，就能做好教育。我的教育人生有个遗憾，就是经常性地漂移出课堂，有时候当教研员，有时候做管理，也就是在课堂这条线上断断续续，没有形成一条完美的专业线。与我不同的是我的老同学陈加仓，从教近三十年从未偏离过课堂。曾记得2005年，我和他同在一所学校，我在办公室，他在教导处。一天，校长问我们："学校管理工作忙，暂时不用上课可以吧？"选择"行"的我，那个暂时就是"六年"，这六年我天天泡在办公室迎来送往、嚼文嚼字……除了课堂，哪里都有我的身影，我学到了很多课堂上学不到的东西，也失去了很多在课堂上能学得到的东西；选择"不行"的他，双管齐下，教学、管理两不误，35岁就被评为浙江省特级教师。也就是他，不仅选择了课堂，而且在小学数学领域又深化了拓展课研究，足足做了十多年，至今未曾停歇过。据说十几年来，关于拓展课的课题他做了多个，换着题目坚持做，就是不获奖，但他从不气馁——专一不是为了获奖，而是出自内心的欢喜。正因为如此，小学数学拓展课研究终于修成正果，相关著作几十本，全国到处讲学，产生一定的影响。他的成功，除了天赋与能力，还有一点很重要，那就是"一辈子专心做好一件事"。

一辈子只做精一件事，不局限于教师个人专业的成长。学校办学也是如此。一所名校绝无法一时崛起，它是几代人长期坚守正确价值文化的一种积淀。朝令夕改，出不了名校。同时办好一所学校用人也很关键，一个单位最忌人人都是同样的专业优势，这会产生人力的内耗，因为一个项目无须那么多相同优势的老师在一起完成，做着做着，就有了在旁观望的人，日久，就有老师被无事可做"收拾了"。就如一个音乐教研组，五个老师都是钢琴专业，声乐、合唱、舞蹈、器乐、戏剧等就难见起色。你不要以为至少钢琴能做好，不一定，不是有"三个和尚没水喝"的说法吗？以此类推，体育老师都是篮球专业，美术老师都是设计专业，肯定不利于人尽其才、优势互补。从这一点考虑，要办好学校，就要选不同的人才。如果遇上出身一致的人才，也要想方设法引导他们向不同的领域发展。

"进窄门，走远路，见微光"，这就是纪录片《生活万岁》的主题，恰好是"一辈子只做精一件事"的最好注脚。

用好影响力

影响力与学生成长息息相关。影响力越大，学生成长得就越好。

课堂上，我们常有所见：

有校长听课，学生表现特给力，个个精神抖擞；在报告厅上公开课，学生少出幺蛾子，小家伙们配合得挺好，专家上课，尤为如此；同样开课，有班主任坐镇，学生就积极，开课者老想班主任出场，就是这个道理……

如此总总，产生学生表现前后差异的因子之一就是影响力。校长、班主任的岗位本身有影响力，专家的专业素养与人格魅力有影响力，班集体自身也有影响力，越优秀的班集体越有影响力。

影响力无处不在，我们要善于经营。你是不是很羡慕有些老师隔三岔五不在班级，可学生的学业和班级纪律毫不疲软。如果说这只是个别名师的现象，那么晨读状态的差异存在就较为普遍了。自己在教室，学生就规矩，一旦离开，班级就炸锅。可人家班级，教师不在场比在场更好。你无须郁闷，"影响力"使然。人不在比在更好，这就是影响力。

有了影响力，教育能事半功倍。

我见过一个班级，平常学习都得老师追着学生。可期末到了，这个班级的学生一反常态，三五成群、三天两头来追老师，为了解决学习困惑或者挑战学习任务。不是因为期末学习紧张了，学生自觉了，而是换了个老师。这个老师头衔很大，正高级教师、省特级教师加身，学生和家长完全信任，那几天说什么都是——某某老师这么说。期末成绩出来，不到一个月，班级该学科不及格人数从原来的6个减少了3个，整体成绩较往常大幅度提升。我跟这个老师同在一个办公室，发现他从不拖堂，少有一份卷子全班做，按他的说法，复习阶段会做的没必要重复练。每堂课都是高效率，每道题都是精配置，专业过硬确保了教学的质量，也树立了教学影响力，学生们是"信"其师，而"亲"其道。

儿童天生就有偶像情结，也崇拜英雄及其英雄集体。如果懂得这点，就不会忽略教师个人影响力与集体影响力的塑造。影响力有大有小，作为教师不一定都去挤名师这根独木桥，做良师就是最好的。只要同事说"这个老师真好！这个班级真好！"，就能传递给家长，传递给辖区民众。家长本身就有这种特殊的喜好——打听教师孰优孰劣，为了孩子读书能入对"小门"。同事眼中的你非常重要，因为你的信息会传递给我们最重要的"客户"。大家知道你优秀，这就是影响力。这种影响力出于口碑，而不是金杯银杯。让周边人都认同你，敬人加敬业可以实现。

要让周边人都佩服你，那就要在专业上持续发力，不断增值影响力。有了专业的加持，会让影响力更具学业支持的效度。不过有一点不可忽视，所有的影响力都是建立在儿童立场之上的，你不能因为个人的利益淫溺自己的专业，到处鼓吹喧阗，追求外在的光鲜，疏离了学生。日久，你的影响力也就"墙内开花墙外香"。影响力不管多大，一定要有温度，要有建立在儿童立场上的关系浓度。我们当地有个名气很大的特级教师，按常理学校打出他的品牌，招生按理是不存在问题的，影响力明摆着嘛！可有些家长的看法却颠覆了我的认识：名气大有何用！隔三岔五往外窜，哪有时间照顾我们的孩子！就因为他在这个年段，我就不带孩子去这个学校参加提前招生了。这看法虽然片面但也实在，影响力只有建立在儿童立场上才有教师的真情实意，学生才能收获更多的成长。

我们不必刻意地去兜售影响力，真心育人，用心教学，潜心研究，会带给你无穷的影响，一切也就水到渠成。

走动看见学生

走进教室，可以发现学生学习的状态；走进操场，可以发现学生锻炼的状态；走进食堂，可以发现学生用餐的状态；走进剧场，可以发现学生观演的状态；走进图书馆，可以发现学生阅读的习惯；走进卫生间，可以发现学生如厕的习惯……窝在办公室，我们就看不到这些。独处教学楼，我们就局限了自己的视野。

在此，教室是最大的一面镜子。每个教室的场景都是老师心意的投影，心里有无学生一目了然。就如开学前的一天，有的教室依旧是放假前的样子，未曾打理；有的教室桌椅摆正、门窗清洁、黑板空白；有的教室窗明几净，黑板图文并茂；有的教室学生装点，教师指导；有的教室家长清洁，不见教师……为了让新学期返校的学生开启美好的第一天，有些老师不仅布置好教室，而且体现了预见性和温馨感：教室内外的所有展板重新做了装饰，留白，只要学生第二天假期作品一到位，就可以让教室焕然一新，而且每一张课桌上都有用红色扎条绑着的文具或者有寓意的物件。如果不走动，我们就无法知晓每个教师对学生的心意。

儿童立场可以从师生共处的环境中折射出来，更可以从学生身上直接捕捉到。拓宽天地，我们才能看见学生。走近学生，我们才能亲近他们。抓住每个关键时段，多走动，我们会发现美好，并让美好孕育美好。

"一日之计在于晨"，晨间学生的状态决定了一天的状态，书声琅琅是最好的开端。书声具有一定的传染性，一个人会带动一个班，一个班会影响一个学段，一个学段会激扬一个学校。老师要走进班级，与学生一起营造晨读氛围。行政人员要多巡视，发现更多的典型，树立晨读榜样班级。与学生一起，每个人齐心协力，做好每一天的第一件事。

"快乐十分钟"，课间的学生生机焕发与自由放飞息息相关。我们不能把学生禁锢在教室，如果我们以"拖课"来表明自己的敬业，那是荒唐的可笑。无视学生生机，枉谈敬业。把学生放出去，动起来，自己最好也奉献出来，与学生打成一片。不仅开心了彼此，还呵护了每一个心灵。因为我们的出现，自由天地下容易滋生的一些不良行为也就没有了生长的机会。

"最亮的东西是阳光，最宝贵的东西是时光。"对于学生而言，午间是最长的专享。剥夺午间时光，就是最可恶的"劫匪"。我们不仅要留足时间给学生，还要为午间的学生生机焕发积极创设条件，做好服务。中午吃好饭，如有时间，我都会到操场走几圈，成了一种习惯。走动多了，就发现偌大的操场人气不旺，活动学生寥若晨星。除了操场离教学楼远之外，还有个原因是我要检讨的，那就是活动区没有活动器具，中午没安排人在此做好服务，整个场地没有钟表，学生看不到时间担心返回班级迟到，遮阴的、休闲的、有趣的辅助设施也没有，就连卫生间都找不到……完善操场的周边辅助设施，将成为学校新的"鸣生工程"。为了学生的宝贵午间，我们要做好全方位的休闲运动支持系统。

至于晚间学生生机的发觉，晚自修毋庸多言，宅家的，少不了教师走动式家访。走进学生家里，我们会发现很多学校里看不到的风景，会增添一扇走进学生的心窗。家访最忌固化、集中。如在期末阶段集中家访，虽然便捷了教师，完成了家访指标，但往往看不到最为真实的他们。家访宜在闲暇随访处，最显自然，最见真实。

　　学生生机在哪里？在课堂内外，在学生身心，也在教师的预见与预设里。我们都生活在时空编织而成的世界里，择时处地，多走动，就会直接或间接地收揽学生生机，遇见美好。

要给学生捞点"外快"

随着教育的不断深入发展，人们更加关注学习个体的内心感受与体验，更强调由内到外的学习驱动。让学校静悄悄地发生革命，让学习静悄悄地发生变化，尽量避免外界无端的教育纷扰，成了大家共同的行动。

静下心来办学，静下心来教学，没错！但"静心"不能狭隘地理解成"净行"——啥都不做，一门心思地教书育人，甚至把教"书"当作是育人的唯一手段。持此"静观者"，除了理解偏差外，更多的是被一种发自内心的恐慌挟持——学校天天搞活动，外在的形式太多，孩子的心静不下来，老师的心也静不下来，成绩怎么办？

"成绩怎么办？"这是多么魔性地叩问。少有人能摆脱，校长、教师、家长都很难，事实上在中高考的指挥棒下，地方教育行政部门少有不以分数排名论次的。抓考试，提分数，就要把全部的时间与精力投入到抓成绩上。成绩好了，孩子的内心就愉悦了，他们认为这种"内快"是最具有持久性和影响力的。如果说这是最好的法子，我们还能奢想老师们去为学生捞点"外快"吗？现代生活节奏之快，唤起了很多老师对旧往"单纯教书"的眷恋与憧憬，努力地想让教学生活纯净下来，纯净得没有一丝杂质，就是教书。

是不是啥都不做，就教个书，学生成绩就一定好？事实并非如此。哪个区域里最好的学校不是内外兼修的？不仅学校影响大，区域地位高，百姓呼声盛，连成绩都是排在最前头的，而且遥遥领先很多"一心只读圣贤书"的"静悄悄的学校"。原因何在？在于他们懂得"静心"的根本含义——以学生为中心，静心考虑教育的起点与归宿——人。让人静下心来，不是屏蔽了外在的一切，而是开放心胸，悦纳更多的美好，吸收更多的养分。因为这样，他们有力量。

"孩子是在体验中成长的""明天的社会也是今天的体验"，教育孩子，不能唯书论、唯分论，要让孩子有更为丰富的体验，孩子的精力往往超过你的想象。

课堂上，我们要给学生捞点"外快"。从兴趣上看，我们不要把课上得四平八稳，也不要密不透风。太稳了，无趣；太密了，没气。偶尔放慢速度，偶尔出点穿帮镜头，可以让孩子更喜欢课堂。苏联教育家苏霍姆林斯基说过："在课堂上不浪费一分钟，没有一时一刻不在进行积极的脑力劳动，在教育人这件精细的工作中，再也没有比这种做法更为有害的了。"老师不要在课堂上太刻板，不要生活在所谓的优质课的阴霾下。从层级上看，我们不要就课论课、照本宣科，要学会拓展，从课本中跳出来，让学生学得更多，让学生体验"跳一跳摘到苹果"的愉悦感。

活动上，我们要给学生捞点"外快"。不要只有学科课堂与课间十分钟，校园的美好不止于此。那些从来不搞活动的学校肯定是薄弱的学校，因为学生没有生气，老师没有生机，校园没有生意。一个调入我学校的体育老师，说自己原来的学校从来没有组织过体育运动会，我心里咯噔了一下：现如今还有学校这么抠门，不给学生一点"外快"。到温州市直学校工作近20年的我，那是很难理解和接受心中没有学生的校长。我们不仅要有活动，而且要有课程上的保障，在正式的轨道上让学生有系统地捞到"外快"，丰富每个个体的内心财富。

当然，捞"外快"更重要的是给予学生"外面的世界很精彩"的体验。在时空上要积极拓展，不仅在学校，还要走出学校。我们学校跟当地几所高校合作，充分借用高校的场馆让学生走进去沉浸式地发生学习。我们学校还积极拓建"红蓝绿"三条研学之路，分别指向精神、思考力和文学能力的培育。让"研"与"学"融为一体，让"内"与"外"融会贯通。

作为教师，要有广博的胸怀和长远的眼光，不要局限于"小家子气"。小学姓"小"，"小"就是"大"，做小学教育，有无穷的空间可为。

有一点，大家要明白，"外快"终究是"外快"，不宜喧宾夺主，鸠占鹊巢。捞点儿就可，而且是捞到"点子"上。不以浪费师生的时间与精力为代价，既要付出，又要有效。

第 二 辑

对话生态 通达儿童立场

　　生命意态，有外显的，也有内隐的，看见的生命意态只是冰山一角。欲想更多地了解每个个体的生态，沉潜下来，贴近每个生命体心灵深处的宝藏，是不错的选择。其路径最便捷的莫过于谈话，用言语去打开彼此的心窗。谈话不是说教，它始于交往，明白了这一点，谈话就成了谈心。

三、谈话，不止于谈话

谈话从交往开始

不走近学生，就无法真正与学生交流。道理浅显，真正理解并切实做到，是得沉下心来。尤其是在现代社会快节奏下，难免会一切图快。

学校里发现学生出现问题，最快的教育举动就是谈话。我们很多人第一时间选择它并长期依赖它，谈话成了第一做法，也成了唯一做法。把谈话当作教育的万能钥匙，是教育"懒政"的表现。谈话多直接，立马可"上位"，谈话也方便，不用多准备，教师有的是三寸不烂之舌功。谈了话，可以给自己一个交代：反正我已经说过了，做不做是你的事。当谈话成为一种形式，又是唯一的形式，儿童立场也便在我们的心目中逐趋萧条。

谈话要谈得好，光动嘴皮子，不行！人家听不进去，你也讲不到点上。要了解每个学生，要从他们的一颦一笑、一嗔一怒、一举一动中敏锐地感受到心意，就要跟他们多多交往。

"交往是谈话的前提"，每有教师遇上班级学生棘手的教育问题时，大多会向我咨询，我给出的是这句话，并也用行动去诠释。面对棘手的问题，咨询的背后是无奈与求助。一般情况下，教师也不会把简单的学生问题向校长反映。每逢他们的咨询我都知道他们的内心需求，我无不认真对待，从不以这次"谈话"搪塞他们，更不以下次"谈话"搪塞学生。

　　我不直接找学生谈话，而是先潜入学生的队伍中去，不动声色地与学生发生关系。选择时间大多为学生午餐后，他们满校园嬉戏玩耍，处于自然轻松愉悦的状态。选择地点肯定是所谈对象常去之处，有的喜欢打篮球，有的喜欢看书，有的喜欢下棋，有的喜欢滑滑梯……那么篮球场、图书馆、棋艺区、游乐器械等便成为我们偶遇的场所。如果遇上喜欢一个人独处的学生，那得专门设计一次邂逅，让学生注意上我。对话就从这里开始，但不是一下子切入正题，不"谈"先"约"。欲速则不达，不说涉及他敏感的话题，从他细小的动作和眼神猜想他的喜好点，也可以自然抖出自己的喜好包袱，专拣学生喜好的项目抖出自己的所谓"喜好"，就如多项选择题，供学生从中选择，这对于沉默寡言的学生来说非常奏效，话匣子容易被开启。彼此之间对上号后，就在同个频段了，"同频共振"的效应开始走向"约会"时光。彼此在交往中成为朋友后，学生就会找到自己心灵的伙伴，如果你是校长，那么你就是他的心灵支柱，不用你去问他，他会跟你主动倾诉心声。其实在交往过程中，交流就在发生。披情入语，我们还担心谈不好吗？

　　交往得好，就谈得好。谈得好，就连三天两头请假的"学习散客"都能回心转意，成为铁杆"客户"，安心回校就学。对此，我有一次很深刻的体验。

　　一次，有一个教师找到我，说自己班级里的一个学生近期都不来上学，快两个星期了，怎么办？平常听说就有先兆，常常以生病为理由不来上学，家长也怜惜孩子，觉得孩子不想来上学总有她的难处。光听这话，我没办法做出很好的答复。我说先不急，你把学生的照片发我看下。看了照片我蒙了，这娃是非常优秀的，平常见到人都是阳光灿烂的，怎么近期在学习上有了道过不去的坎？我无论如何得为这娃做点事！对于一个不来上学的学生，我无法实施"偶遇"与"邂逅"的策略，第一步只能约谈。先约谈家长，知晓家长还是支持孩子上学的，也了解到孩子的一身困扰与心理障碍。得到家长的支持再约谈学生，发现其最大的一道坎是数学，听不懂，学习没面子，潜意识觉得在家自学效果更好。面对爱面子、缺少自信、寻找躲避的学生，我首先给她看她在校园里的照片，尤其是在学校鼓号队里的一张单人照，从眼神、面容与身板说开去，肯定了她的"生气"；其次给她画张一生能量圆饼图，小学数学只占其中的一点点，几乎是一条线的面积大小，让她不用过分担心；再次跟她分享著名科学家钱伟长物理5分进清华大学并成为力学大师的故事，用伟人的榜样感召她；接着聊彼此的兴趣爱好，了解她喜欢心理知识，我和她约定一起读心理读物；最后给出"同理心"，理解她，容许她近期做个缓冲，想什么时候到学校就什么时候来，潘老师和全班老师、同学们一直等着她。好像那次谈话是周四，第二个周一她归队了！我去图书馆为她借了好多心理领域的读物，约她一起共读分享，她很开心。每个晨会、大课间我都会去看看她，不"谈"，只是走过。我们之间还有个约定，等读完了图书馆所有心理读物，我就给她颁个"校长友谊奖"。带着期待，我们一直坚持着。教育学生，靠我一个"外人"起不了多大作用，关键是与他们长期相伴的老师们，尤其是班主任以及敏感学科的老师。在大家的齐心协力下，在爱的暖巢里，学生在校的每一天都过得很快乐。

小故事，大道理。谈话重要，交往更重要。做教育就是打交道，跟学生打交道最为重要。知己知彼，方能百"谈"不殆。

与人交流真诚至上

与人交流贵在真诚，真诚的力量可以赢得理解，甚至可以化解危机。

从网络舆情危机的公告式表态可略窥真诚的力量。某世界一流大学留学生"学伴"舆情被不断发酵，是因为没有真诚地认识到问题的根本——留学生特权，没看到"女生为主""结交异性""一对三""学伴评优"等关键词让网友反应激烈，而是据"理"力争强调"学伴"制度的合情合理，在国内大学不是孤例。两次的回应网友都不买账——没有对留学生"学伴"制度的不合理性做出解释与道歉，不见真诚。而国内某品牌火锅店"史无前例"的"老鼠进食品柜、漏勺掏下水道"危机，为什么那么多人选择原谅？其中真诚的表态起到关键作用：经调查，媒体披露的问题属实，这让我们感到非常难过和痛心，也十分愧疚，我们愿承担相应的经济责任和法律责任，也已布置所有门店进行整改。

两件舆情的处理，道出态度决定一切，真诚拥抱理解。你真诚了，人家愿意找你交流。你真诚交流了，人家绝不会苛求。师生的交流，家校的沟通，不也如此？真诚比技巧更重要。

教学中，因交流产生误解的现象并非少见。因为师生之间、同学之间的交流常常是特定情境下的产物，一旦把交流的话题单列出来，咀嚼一番，就有可能变味儿。一位学生就因为班会课上全班同学一起指责他而愤怒至极。当天晚上9:05，家长给我微信发来三张照片，是一篇一气呵成、情真意切的文章。大意是：自己成为众矢之的，干过的、没干过的、压根没听说过的箭矢从同学口中拉弓、搭箭、射击讲台上无助的我……自己无处可逃，最后的支持者在箭雨中被迅速淹没……转头看向身后老师的脸，目光冰冷，残酷无情……失望到绝望，这绝不是我认识的班级，这绝不是我认识的老师……只问，我干了什么？

我一看这情态，其无助、崩溃、失望、绝望的情绪不给我任何揣摩文字的机会，我下意识地第一时间做出回复：强大起来，孩子，可能偶尔的偏移，会招来超负荷的承受，但轨道永远在，彼此的一刻误解不会成为永恒的稻草，我们要勇于去面对，潘老师也会陪着你一起去面对，相信一切都不是我们想的。我看出你对集体的认同，而且如此炽烈，相信你一定会积极面对，集体一定会爱你，跟你爱他一样！明天记住，来找潘老师，我是附校所有娃的好朋友。好好睡觉，明天见！

第一时间闪电式回复，就是真诚的流露。在我的意识中，任何真诚的话语都无须雕琢，我相信这位家长朋友也是这么认为。另外，我把学生当作回复的第一对象，我知道这个学生当时就在家长旁边，他需要我的直接告白，无须转告，任何转告在那个时刻都是苍白无力的。这个方式也是真诚的表现，赢得了家长的信任。那夜对于他们一家来说，虽然不平静，但不焦灼。

真诚要见于行动。第二天我早早地候在门口，远远看到家长带着他走进校门，我只跟家长对视了一眼，就把全部的关注毫无保留地放在这位学生身上，搭着他的肩膀齐步进入校园。在学校创客馆前的一块空地上，我们聊开了。因为这个地方是他做文学讲坛的小舞台，肯定他的表现，理解他的心情，赞许他的文笔并带出昨晚那篇文章。讲了特殊情境下误解之处，并把我事先做的功课——向班主任了解详尽情况，与之深入恳谈，消解了他的心结。孩子一如既往的阳光，我知道这除了我们之间的沟通，还有着明白事理的家长的大力支持。

我不建议人与人之间交换意见用短信、微信、QQ之类，尤其是某一方对另一方有了一定的情绪时。脱离了一定情境，孤立的文字容易让人断章取义，灰色的情绪会强化断章取义。能语音用语音，这里边有音调、气息与情感；能面谈最好面谈，真诚在此能更为直接被感受到。

谈话要预估学生心理

买卖东西，如果没有明码标价，讨价还价是常有的事，即使"一口价"，有些客户也会习惯性地跟你谈，能争取一点赠品也好。这个时候，我们谈生意就要揣度出对方的心理价位，双方价位一致性越强，生意就越容易做成。

教育不是买卖，无须讨价还价，可遇上跟你叫板的学生，那就得费点口舌，此时的谈话不了解对方的心思是很难进行下去的。学生心里想什么，需要我们做个心理预估。

凡是跟你叫板的学生，有他有恃无恐之处。有什么可以依赖？有什么可以凭仗？了解所"恃"之"靠山"，才能卸掉他的支撑点，攻破他的心理防线，达成谈话教育的目的。

学生的"靠山"，准确地说，应该是"孩子气"，就是那种天真无邪、无所顾忌的样子。"孩子气"一上来，有时大人拗不过，叫板就现形了。这"气"的出处大致有二：一是"理"，二是"情"。

学生心目中最大的"理"就是要公正公平，从他们的口头禅"凭什么"就可以看出来。小孩子对公正公平的渴望比成人都强烈，就好像斯宾塞小时候想要班长胸前的那把能打开教室之门的钥匙一样——拥有权力与机会的平等。从教几十年，这"理"也真的得端平。学生感受你的爱，这杆秤是他们最大的体验平台。

有的是觉得自己受到不公平的对待，他要发出自己强烈的诉求。

记得有一年的一个中午，我带的班级掀起一场风波，让我更加确认公正公平之于孩子的重要性。当时小周同学把鸡腿带出了餐厅，违反了班级的规定，小李同学坚决反对，跑到我面前执意要处理小周同学，让她退学，否则自己退学，还鼓动了一批同学一起喊退学。气头上，当时怎么讲他们都听不进去。当晚家访后，第二天组织了谈话节目："实话实说——为爱添光彩"系列活动之一"谈论孰为公平"。孩子们在圆桌对话式的交流中，个个实话实说，提出了公平不等于用一个标准要求所有同学，就如我们要求所有的同学都穿36码的鞋子一样，应该因人而异。但同学们又提出公平不等于一味地妥协，它必须有严格与宽松之分，有时也必须统一。一场风波起于"理"——学生单一视角的"理"，也息于"理"——众人多元视角的"理"，"理"要辩才会清，一言堂，没人听。其实，这个小李也只是一时之气，理一理，就知道他的心理，也就容易释怀。

有的是觉得同伴受到不平等的待遇，他要"为民请命""替天行道""伸张正义"。

2021年开春，网络上流传着这样一则信息：《哥哥算不出"2.8÷0.7"被爸爸打，双胞胎弟弟气得报警……》，警察到来后看见的是：两名年纪相仿、相貌也相似的男孩坐在椅子上，都穿着单薄的棉毛衫，流着泪，但没大声哭。另外，是孩子爸爸站在一旁，脸色铁青。叫板过了火，报警了！在弟弟的心目中，哥哥被打就是遭遇不平等，就是亲爸爸也不可以。据说还吵着"离家出走"，可见被公平对待在孩子心目中的地位。知道孩子的心理，这位家长估计也就不会被心急燃起心火并用行动发出火力。调和，还是要基于"理"的"谈"。子女教育、学生教育皆如此。

学生心目中的"理"很多，由于心智的稚嫩、阅历的短浅，与成人心目中的"理"存在不对称很正常，也就是彼此之间产生一些价值冲突没有什么大惊小怪的。关键是我们要清楚学生的心思，自己放下身段，去接纳，去感同，去引导，"理"解万岁。

产生叫板的另一种情形是"情"，是一种情绪在作怪。如"理"不顺，就委屈了；事不平，也委屈了。这种情绪累积到一定程度，就可能酿成叫板的力量。尤其是对心理敏感的学生而言，听风就是雨，总觉得他人的言谈举动都是含沙射影，什么都觉得是别人挤对他，老师针对他，自己的抵触情绪就会裹挟着一些过激言行与你对抗。对这类学生，老师仅仅靠慎言谨行，那是远远不够的，有时候还可能让学生看透了老师的心理，越发猖狂地表达自己的不满。我们得从源头开始，找到产生心理敏感的起源，再去疏通，切忌堵塞。我曾发现一个学生经常性偷偷翻墙出校，原因常常是被老师批评，或被老师提一些自己懒得完成的要求，抑或是自己完成不了的要求，就表现出对老师的不理不睬，甚至骂老师，老师对其责备、教育，他就逃避，玩消失。久而久之，师生关系紧张、恶化。解决的办法还是要"谈"，跟家长谈，赢得家长的支持，了解学生的心理状态和变化缘由。跟学生谈，不谈他身上的问题，而是谈他感兴趣的话题，找不到，你就没辙，找到了，你就有了诱饵。进而师生之间能在交往中交谈，日益融洽，重新拾起了学生对老师的信任，再谈学习的话题，也就水到渠成。很幸运，这个由于假期看了"厚黑"学校与老师的视频并产生了厌学与怨师情绪的学生，就是因为班主任老师的耐心与不离不弃，让他重新回到了班集体中来，这要感谢老师教科书式的教育方法。

引起注意也是情感上的一种需要，不同的学生或多或少都有。经典的开窗故事大家应该有所了解，坐在窗边的学生在课上反复开关窗门，论谁都不会舒服。如果你知道他是为了引起大家的注意，你就不会鲁莽言行。我见过一个学生课堂上老放屁，而且是故意把屁股往后拉伸，以屁之响声与连环为乐，为博众人一笑。我知道他的想法，堵住"众人一笑"，屁就自然消失了。显然，只有懂得，才能领其情、端其行。

　　还有的学生在情感上不接纳你，也会跟你叫板。这种表现最多出现于交接班，对原有老师的情感越深，对新接班的老师排斥的情感就越强烈。要让学生接纳自己，新接班的老师事先要做足功课，对新班级的每个学生都深入了解，对特殊的学生要有心理和技术准备，面对叫板行为能稳得住、顶得住、控得住。

　　准确预估学生的心理，我们就能晓之以理，动之以情，与他们有效沟通。

寻找交谈的平衡点

与学生交谈，是教师的家常便饭。批评教育学生，我们需要谈话；激励鼓舞学生，我们需要谈话；关怀体贴学生，我们需要谈话；与学生达成共识，我们也需要谈话……其中给学生最大的压力的当属批评教育时的谈话，这类对话是对与错、是与非的较量，学生听不进去，就达不成教育的初衷。要想学生听进去，就要让学生对你本次的谈话有个很好的印象——善解人意。

善解人意，最好的办法就是换位思考。当你置换下位子或者角色的时候，你会发现很多自己没有发现的东西，你考虑问题的思路不一样了，相关因素的利益影响也发生了变化。设身处地，你才能学会体谅，才能善解人意。而这一点，就是要让学生学会的，并且受益终身。

对于师生交谈的双方来说，占据话语主动权的教师如何给出一个对话的平衡点？也是需要深思并努力去做到的对话技巧。我们试想一副对话天平，不管哪方翘起来，都是无法让对话双方的眼光平视，这种单边凌驾式的对话是无法实现很好的对话的。尤其是拥有话语主动权的教师，当被学生高高翘起的时候，你的谈话就失去了根基。彼此换位思考，就能取个折中办法，达成对话的平衡。

与学生交谈，教师不要太强势，更不要自以为是，要主动换位思考，站在学生的角度思考问题，理解学生，包容学生。小孩子犯错，可以说是小孩子的专利，也可以说是这个时期的福利。心智尚在成长的学生犯错有时候实在难免，好奇、好玩、好动，本身就是犯错的最大引擎。比如在网络维修的收尾现场，看到放在地上的"网络交换机"，大人一目了然，不会把它当作玩具，小孩子就不一定了。好奇，会引着他去探究；好玩，会引着他去戏耍；好动，会引着他去摆弄。在我学校就有这么一个学生把"网络交换机"当作"魔方"，拿过去玩了，监控拍下了全过程。课间，这学生经过维修点，没旁人，看到地上一角搁着的这小玩意儿，弯腰伸手攥着就跑走了。如果你是该生班主任，看到学校监控里是自家的学生，很容易会劈头盖脸地痛斥一通这娃。这位班主任不同，选择的办法就是谈心。通过了解，这个学生平时就比较喜欢捣鼓这些电器类小玩意儿，这次觉得新奇就拿走了，后来玩着玩着没意思，就随手扔到了某个厕所垃圾桶里，要他找回来，找不到了。通过谈话，学生认识到自己的错误，要照价赔偿。学校信息主管老师回复：感谢班主任老师在保护学生好奇心的前提下的教育。多么温暖！班主任换位思考——学生平常就喜欢捣鼓电器类小玩意儿，信息主管老师换位思考——在好奇心的前提下。学生犯错不可怕，怕的是老师错"犯"！别忘了，谈话教育一定要处于平衡。

当然，仅仅教育到这个程度，还不是好的教育。教育是促使孩子自我觉醒。光我们教师换位思考还不行，一定要引导学生换位思考。如果你是学校网络修理员，丢了交换机，急不急？是否要被批评，还要被扣工资？如果你是全校的老师，由于交换机没到位，网络不通，影响教学，你会怎么想？如果你是班主任，发现自己班级学生有这种行为，你会怎么办？如果你是信息课的同学，由于交换机不到位而不能上自己喜欢的课，你又会想什么？或者说，你是家长，得知这个情况又会怎么想？诸如此类，让学生展开换位思考，就会更理解我们的教育，对本次事件产生的影响也有了更为全面的认识。

其实生活中多注意、多运用换位思考这个思维习惯，很多问题也就不会发生。就如一场演出，你在台上表演，就是演员；你在台下观看，就是观众；你在舞台指导，就是导演；你在修改文案，就是编辑；你在准备布景、灯光、化妆、服装、道具等，就是舞美。你还可能是售票员、检票员、清洁工等，一个事情就有很多分工，由不同角色的人来完成。有角色就要有担当的言行表现，就要有遵守的言行规范，只有大家都做到位了，这场演出才会顺利，才会精彩。我们每次组织活动，都要让学生事先做个角色分析与自我约束，长此以往，会让学生更适应成长的各个环境。

孩子是第一位的

一天，有位家长带了自己的孩子来校插班，当着孩子的面一直问我："这个班好不好？班主任怎么样？好不好？"我不直接面对她，只是看着孩子说："我们学校的老师都很好，这个班打招呼的人最多，就想进她班。"孩子没回答，坐在一旁的家长跟了句："这个签是她抽的。"我又对着孩子竖起大拇指，说："你的运气真好！恭喜你！"孩子微微笑了。

坐在一旁的家长又来抢镜，插了句："您说给孩子在学校旁租个房子好不好？"我还是对着孩子说："前两天听你妈妈说，家就住附近，开车也就15分钟，你妈妈的工作单位更近，走路也就七八分钟，何必花这笔冤枉钱。早上跟着妈妈上班，一路上沿着美丽的三垟湿地行进，大学城银杏树齐刷刷地横列两旁欢迎你，上下学一路风光，多美啊！"孩子点点头，会意地笑着。

"你们学校每天下课是4:50，我有时下班会赶不上。"家长的意思就是接送有困难。碰到这么想搭讪的家长我也没辙了，转头礼貌地看了看她，也就一两秒的停顿，回头还是对着孩子说："你今年三年级，长大了，看你就是个独立的孩子。其实你可以告诉妈妈不要太担心，这里有很多是你妈妈同事的孩子，有时候妈妈来不及接，可以跟着他们一起先回你妈妈单位，单位里有图书馆，可以在那里做做作业、看看书、听听音乐，当你妈妈忙完了手头工作，回到家，你就拥有了自己可以支配的独立时光，没有作业负担的你可以做自己喜欢做的事，那该多好啊！这不，还可以给妈妈省钱呢！"孩子一直看着我，眼神跳跃着欢喜。

"到一所新的学校，你最重要的是要在最短的时间里找到自己的玩伴。"我说，"有了玩伴就可以聊天，有人说说话，就不会觉得寂寞孤单。他还可以带你一起玩，熟悉周边的环境，学习上也可以相互有个沟通。我们学校的老师和同学都很好，很乐于交朋友，这一点你不用担心。为了营造浓浓的伙伴氛围，我们学校还专门在六一儿童节为孩子们设立了'双胞胎节'。他们成双成对地在校园里活动，一起游乐了美好的一天。"

"那不是双胞胎怎么办？"孩子急切地问。

"是啊！活动刚发布，很多小朋友为这个着急。全校真正的双胞胎也就十几对，没关系啊，我们可以自己找呀，提前约一个同伴，约定好同样的服饰与风格，包括道具，约好第二天上午几点在校门口会合，一起进学校，学校的所有活动项目都是两个人一起玩的，记住，别忘了一起去领奖哦！"

"这个学期就有六一节。"孩子嘟囔着。是啊，第二学期插班，刚好可以在最短的时间里遇上。

"很快的！后来我们还设计了'伙伴节'，不仅双胞胎可以组合，书本上、电视里、现实中不同的角色也可以围绕一个主题抱团参加。如七个小矮人、西游记师徒、葫芦娃、复仇者联盟等。六一节那天，校园可热闹了！"

刚刚插班，第一次与我谈话，孩子还是有点拘谨，偶尔转过头跟妈妈对视一下。

"嘻，不知道有没认真听？"孩子妈妈的眼神与语气已经透露了对孩子的担心。从探听班级、老师好不好，到租房解决上下学问题，再到一声叹息，眼前这位妈妈的焦虑与担忧，我是嗅到了气味。我心底里的想法就是，只要我唤起了孩子对新学校、新班级、新老师、新同学的憧憬，就是对家长最好的尊重。

临走前，我正视着这位家长说："孩子很不错，并不像你事先跟我说的样子，她很善于倾听，与孩子交流，我们不要太理性抽象，要给他们画面感，甚至既视感，到了新学校有一种似曾相识的感觉，那孩子就不会觉得陌生，就会有一个好的新的开始。"

家长满意地点了点头，带着孩子欣然离去。

有孩子在的场合，我们的沟通就要紧紧拉住家校之间的纽带——孩子。你只对家长的话语做出回应，对孩子却漠不关心，甚至连眼神都不曾在孩子身上停留过。那么，你跟家长沟通得再好，也无济于事，反而会让家长感到失落。热络了家长，冷落了学生，就失去了意义。

每次一年级新生到校报到，我都会提醒年轻老师，这是家长第一次陪着孩子进校园，也是第一次直面老师，第一印象非常重要，千万不要只跟家长交流，忽略了孩子。正确的做法是蹲下身来、搭上双手、对视眼神，跟孩子说说话。即使别的家长跟你打招呼，你也要记住，中心在眼前的这位孩子。如此，不管是眼前孩子的家长，还是其他孩子的家长，都会放心，因为眼前的老师心中只有孩子。

不要等有了事才谈

跟学生谈话，本是一件非常惬意的事情，千万不要等有事的时候，尤其是幺蛾子出来的时候才找学生谈话。我们的教育要做在前，谈话也不例外。找个形式、搭个平台、拉个关系跟学生谈话，尽可能轻松愉悦融洽。

晨间"迎宾"，是个不错的点。每天清晨在校门口早早等候我们的小贵宾——孩子们，常闻"同学们好""老师好""校长好"，每天一遇，每天对语，这是最常态的谈话。如果我们为乘车到校的学生开开车门，就多了"谢谢老师""真有礼貌""真棒""跟爸爸妈妈说再见"……师生对话也便丰富了许多。当我们发现"与众不同"的上学者，凑上前去，关心一番，谈话就更进一步了。有的学生受伤了，我们问问情况，可以了解伤情发生的背后，如果是在学校发生的，那么是课上，还是课间，是人为，还是意外，都可以帮助我们了解班级动态、管理现状等，既有利于改善管理，又给予了学生情感的支持。

教师多去学习活动现场观摩，尤其有自己交集的学生在场，这也是个不错的选择。多走动就有"生意"，多鼓励，饱满神气。看到班级晨会表演，我们不要跟着大队伍离场，而要给承办的班级点赞，肯定他们的精彩与付出；走进学生课堂，听完课不要只顾得评课议课，学生的表现也要夸上几句，给予老师表扬，他们会有一股荣耀感，这个我们不要吝啬；校园里总有一些活动，难免要彩排，当我们路过偶遇的时候，可以停下脚步，当个忠实的观众，最关键的就是送上鼓舞士气的话语。

"迎宾"也好，"观摩"也罢，都是相逢的故事，少有预设，除此之外，我们还可以创造主动交谈的机会：

开办"学段午餐会"，同学段教师轮着来，在餐桌上与学生交流，用餐环境要好好布置，营造一个轻松愉悦的氛围，不要跟平常一个样，要给学生新鲜感和荣耀感。能选为聚餐对象，或是学生努力的结果，或是学生运气的体现，他们会珍惜与老师交谈的机会。我们也可以在交流中了解学生的想法、同事的精彩、班级的情况、学校的影响。透过儿童的视角，我们会看到很多成人看不到的东西；聆听儿童的心声，我们会听到世界上最美的声音。

开办"毕业午茶会"，每周安排一个中午，约请一些毕业生来教工之家或者办公室品茶，我们跟他们拉拉家常，增进情谊。我们可以邀请校长参与，一来为校长着想，作为校长每届毕业典礼都有致辞这个环节，如果没有任教毕业班，对毕业班的孩子就不熟悉，对毕业班的故事也就了解甚微。一个"外围"校长给"生疏"的学生讲"贴心"的话语，是不是画面很滑稽？估计缺少与学生交往的校长是很难讲出学生贴心的话，任何打动学生的话都是基于心灵的沟通。我们在毕业季，每天中午安排不同的学生来品茶叙旧，这种交往拉近了彼此。二来可以让师生座谈的话题更丰富，情绪更高涨，聊得开，也聊得有"层次"。

开办"名师读书会"，有一个最大的好处就是消除没话找话的尴尬。读书的话题源源不断，取之不尽，用之不竭。带上一批学生，找一个地点，共读一本书，以书为媒介，话题很纯净，借书来延伸，话题很丰富。从书讲到人，从人说到书，来回穿梭，话题灵动，读书人、交谈人自然也灵动起来。有名师带头读书，书香校园也就少了很多吆喝，不用喊，大家也会加入这支队伍，并且不断壮大。

　　教育是个互相支持的系统。教师既是主角，又是配角，在教育教学工作中，学校里的每个角色都要相互支撑，变着角色，变着方式，与学生谈话，是最低成本的教育投资，也是最有效的师生交往方式。

　　与学生在一起，不要老等着问题出现了才交谈，这种情形下的谈话必定无趣。感情是要长期投资的，师生之间也是如此。与学生交往，全校教师都要有这种意识，积极行动起来，与学生打成一片，在彼此无间的常态中交心交情，不要等有了事才谈。

有一种教育叫"见字如面"

作为家长，每天深夜孩子入睡前，家校联系本上都会留下我的一小段话，纯粹是跟孩子的心灵呓语，孩子第二天翻阅的时候自然会看到，这就是一种书面交流。教师也不妨试试。书面文字如涓涓细流，别有一番意味。较之口语，它给读者多了一层反刍。

书面语言，要让学生嚼出味来，须有一个意象带出主题，对孩子尤其如此。这个意象最好是贴近学生的，仿佛就在学生身边。作为校长，我跟全校学生进行过两次比较正式的书面交流，都是写刊首语，一个还是创刊词。

那是2012年11月，我给温州私立第一实验学校校刊《紫溪林》写了篇《漫步在心灵深处》：

漫步，是一种享受。

在林中漫步，是一种惬意。轻轻地，悠悠然，放下所有的包袱，尽情地吮吸自然的风味儿。

漫步林中，你耳边清幽，身际无间，贴着自然，情致满怀，生命在这里互诉心声。

看来，在林中漫步，是你我的首选。

在丽岙，素来就有让心灵漫步的好去处——紫溪林。据地方志记载，丽岙原有三大溪流自西向东汇入温瑞塘河，尤以紫溪最长，悠悠五公里，沿溪茂林修竹，清丽幽雅，丽岙也由此得名。如今这里的山水美丽依旧。

你我不用四处寻觅那一片树林，其实那片树林就在你我的心里。每个孩子的心中都有那么一片自己的"紫溪林"，那清溪就流淌在你我的笔尖，多彩多姿。当自然在笔下挥洒，当笔端灿烂缤纷，《紫溪林》将成为你我的芳草地。紫溪水畔，你就是那一株株茁壮成长的小树苗。

《紫溪林》创刊，是我们儿童的视角，满是儿童自然流露的需要；是由文化的诉求，演绎出我们独有的生命品位。我们都来写一写，也一起来读一读。我们不只是观赏者，其实我们每一个人都是一道独特的风景。漫步，不仅是景挽留人，更是人眷恋景。

心境最重要。听紫溪淙淙，看茂林森森。一人，一事，一物，一景，皆在你一念之间。让心动起来，让笔舞起来，捧起这本册子，你就再也不是匆匆的过客。

漫步，在心灵深处。每个孩子的心中都有那么一片自己的"紫溪林"。

我一到丽岙，就抢注了"紫溪"文化，并用"紫溪林"作为刊名，带给学生美的画面，而且让学生成为这个画面的风景。鼓励学生去品读，更鼓励学生积极创作。校刊本身就是很美的，如果我们与学生交流光谈作文的重要性，并附带几点希望，不仅大煞风景，而且也激不起学生的兴趣，荡不起学生的心弦。只有把学生带入一种意境，共鸣就会从学生的心中汩汩溢出。

2017年1月我给温州大学城附属学校校刊《叮咚响》写刊首语，也是意象的传递：

"泉水叮咚，泉水叮咚，泉水叮咚响。跳下了山岗，流过了草地，来到我身旁。"

小时候的点点滴滴，能走进记忆的往往是这些纯净的"声响"，如晶莹的露珠歇在心尖儿，慢慢地渗进心底里。

没有一丝杂质，也就不会被时间老人悄悄地从我们身上带走。可能你看不到也摸不着，但她确确实实存在，只是藏得有点深。唤醒她的绝不需要开天辟地的声响，需要的只是一滴"叮咚"。

生活中看到、听到"叮咚"，就会唤醒我的"叮咚"，仿佛是两条同个频率的心弦，触及任何一条，都会彼此发出鸣响。

比如读到文字，特别是蘸满童味的文字，那纯粹的发自内心的文字。每一个字眼，每一句话语，都是一个世界，这个世界充满了欢歌笑语，充满了奇思妙想，充满了斑斑斓斓……不论撷取哪片云彩，都能衬亮湛蓝的心海。

孩子，你还犹豫什么？写作是上天给你的权益。把话勇敢地说出来、写下来，自然一些，如同一颗石子掉入水里发出的"叮咚响"——无须刻意，肯定动听。"孩子是文字的精灵"，全因你，是自然的天使。

如果你想你的文字荡出更多的旖旎，划出更美的弧线，不妨调一下姿势，试下"打水漂"，《叮咚响》会成为你戏玩的浅滩，激扬你的文字，留下最美的瞬间。

也可能，你只是一位读者，那也不错。这里的文字，就如一棵树，或者一朵云，读着读着，我们也仿佛被摇动、被推动……

下一圈波纹，下一声叮咚，就是你。

泉川，是茶山的古地名，我一到这个地方就抢注"文化地标"，学校里只要与学生有关的活动、场馆、社团都带上个"泉川"，或者来个擦边球——叮咚响。"叮咚响"的意象一下子给学生卸下了写作的包袂，只要动起笔来，发出声响，即使很轻很轻，也是美妙动听。这样的语言鼓励，正是"泉川"的天性——润物无形。

再看2018年孟夏于温州大学城，我为《泉声川韵》诗词集写的一篇短文：

有人叫我给你取个名儿，仿佛你是个新生儿，其实，你很老。

断竹，

续竹，

飞土，

逐肉。

两字一音，念来明快、朴素、有力，讲的是原始社会狩猎时制造和使用弹弓的过程，一颗颗弹丸从弹弓中射出，击中了一只只猎物，人们欢乐地追逐着，满载而归。据说这是最老的诗歌，叫《弹歌》。

短短八个字，流淌的是上古人类的豪迈之情，有人说诗歌有魔力，我信了：

吟着，

诵着，

整个，

乐了。

时光锁不住诗歌，她是日月星河，永远缀在你我的心空，足够你我遐思万丈。

她，有人间最快的船——两岸猿声啼不住，轻舟已过万重山；有最深的情——桃花潭水深千尺，不及汪伦送我情；有最强的春风——忽如一夜春风来，千树万树梨花开……

她，手可摘星辰，气能吞山河；看尽天地兴废事，感怀古今淡浓情。

每一个字，每一行诗，都有魔力唤醒你的思绪。童年，是梦幻的时光，许多优美的诗词都是你的精灵。多读多诵，她会在你的"最强记忆季"伏下最美的一笔，在你的精神银行里存下厚积薄发的资本。

诗歌，在中华文化里如一条浩瀚的星河，哪个才是最适合你的那一颗？有时有点迷茫，但你不用焦虑。天使老师来了，不仅帮你找到那颗明亮的星星，还给你串出了一条璀璨的星环。

有诗，有词，有古文；有熟悉的，有半生不熟的，有从未谋面的。不同的组合走进我们"泉川"这户人家，虽然她们有个共同的名字叫"诗词韵文"，为了表达我们对新成员的亲昵，我看还是要给她取个名字吧。

名字就藏在下边这首藏头的"回环诗"里，跟我们茶山的老地名——"泉川"——有关哦，四个字，每个字都是一行诗的开始，而且可以"回环读"，快来念一念吧：

泉咏流声柔明净，声柔明净川长悠。川长悠韵含锦绣，韵含锦绣泉咏流。

读对了吗？猜出来了吗？我建议你还是要大声地把她读出来。带上一本诗集陪伴着童年，轻柔，明净，悠韵，泉涌川长，经典咏流传，是多么美好！

　　焕发学生的生意，仍是我写话的出发点。学生喜欢看到怎样的刊首语？"最好可以玩！"是孩子，大多都不经过大脑做出回应。玩是儿童的天性！如何让刊首语好玩起来？"回环诗"是不错的选择。绕来绕去地读，确实有点费神，但学生就喜欢"别致"。读着读着，自揭谜底，必是快事。也不是所有学生都能猜明白，我们给他们暗示：轻柔，明净，悠韵，泉涌川长，经典咏流传。如此，还觉得有困难的，就给他们提供翻转的答案。不仅考虑学生好玩，而且考虑学生水平差异，这就是"生意"的情怀。

　　跟学生交流，有时候直接面谈不是特别方便，那就书面聊聊吧！

四、致辞，不游离于生态

换个姿态与你见面

又是一年结业季，致辞总会如期而至，仿佛成了典礼仪式的一部分，是一种校园传统文化的告白，常常不可或缺。

既然割舍不了这个情结，就要艺术地去面对它。致辞不要老让校长讲，不能次次都用老面孔与学生见面，得换个姿态招学生喜欢。可以用"荣誉校长""轮值校长"的角色致辞，让全校每位教师都有机会在典礼上发出最动人的声音。百变角色，学生喜欢，才会接纳你，才会聆听你的教诲，才会转化成一种能量积极去进取。

结业典礼致辞，无非就是想给学生带来正确的人生观、价值观、世界观，而这种内容取向容易酿就学生最讨厌的方式——训话，或者是苦口婆心地说教，这种忌讳，我们不能因为来得方便，明知故犯。我想，你想深入人心，就连慷慨激昂的演讲，也要尽可能避免。学生喜欢故事，喜欢活泼轻快的表现形式，甚至来得诙谐一点。一句话，学生反对成人化，反对八股，反对刻板迂腐。

同样的价值引领，你换一种姿态，学生就觉得新鲜。

比如你想在致辞中引导学生向自觉自律生长，可以给学生颁个奖，名目没关系，关键是树立的典型要有故事，最好有见证人。记得一个正午，我叫了几个小朋友到书法室帮我布置社团成果展，临走时，其他小朋友都马上往外跑，只有三（2）班陆子萱小朋友不一样，她把座椅推回原位，包括其他同学动过的，再把桌面上的双面胶带的隔离纸一一整理，准备带到垃圾桶。其他小朋友见了，也忽然明白过来，都加入了整理的行列。这一幕，深深地触动了我。我们做教育是为了什么？不就是唤醒生命自觉吗？事后，我进一步了解，发现这个学生一直都很全面，都很优秀，完全可以树立为典型。"见人善，即思齐"，多好！

结业典礼到了，我不是直接说教，而是通过颁发"校长友谊奖"，把想表达的故事化。内容如下：

相遇在校园，相约一起成长，相信种子一定会发芽。子萱同学，因为书法展，我们在一起。你精心布置，良好协作，成为最美的"义工"。临走时，你自觉地把座椅推回原位，完全是主动的，发自内心的，这一幕比金子还宝贵，必将照亮你的前程。特发此状，为你点赞。愿我们用友谊珍藏！

你的大朋友：潘照团

2018年6月28日

颁奖时，我还请上当天在一起的学生，叙叙谈谈。有这帮学生"煽风点火"，这样的价值引领就立体、丰满、真实、可感了。

当然，如果你想传递一个"过程"的美好，体现"同学""同行""同乐"，我们可以跟学生有个约定，然后在结业典礼上给予呈现。就如我曾向全校学生发出拜师函，只要学生有一技之长，就可以为我开课堂。学生很积极，但知道不等于会指导，很多学生仅仅起个头，教我两招就不知怎么解说，搁浅得不少。为了鼓励孩子们不弃不馁，我期末来个大冒险，跟一（3）班夏铭韬小朋友学起"平衡车"，这玩意两个轮，上身没有任何凭借，对年近半百的人实在难掌控。铭韬小师傅很尽职，天天盯着我，一天早晚两次，每个时间段不长，但一定要给他看看，最可爱的地方就是能说会道，善于用激励性语言，夸我表现优秀，最后临上台之前，还给我一个特优。

结业典礼我约他一起骑上平衡车上台，给他颁个"谢师状"。这比学平衡车还要冒险，在主席台上，面对全校师生与家长，还要颁发证书与致辞，最重要的还要在下身不稳的情况下淡定从容，难！万一摔倒，囧！这对于校长形象也是一个颠覆。不过，从儿童的视角来看，他们喜欢挑战，喜欢看景仰的人挑战，喜欢看到斯文优雅的校长"四脚朝天"，并报之以善意的略带恶作剧的微笑……我觉得即使摔倒了，也是一种师生的交往方式——真实、坦诚。何况万一控制得好，必然会得到更贴近儿童的拥戴。我豁出去了。各自骑着一辆平衡车，小家伙自信地带着我一起上台。我给他颁发了私人订制的"谢师状"，把他的名字融进颁奖词，并配上他指导我练习的图片，内容如下：

夏铭韬师傅：

衷心感谢您授艺平衡车！您是辛勤的小园丁，您是神通的孙行者；您的热情，如夏日般火热；我的所得，是您每一滴汗水汇成的小河；您清晰的语言从不模棱两可，真心听得入耳；深深铭记，我们相处的那一刻。

愿您写就雄韬伟略，鹏程万里，展翅高歌！

徒弟：潘照团

2018年6月28日

听完我的颁奖词，全场掌声雷动，这是一股涌动的学潮，接下来将因此有更多的学生积极地发现自身的亮点，积极地表现自己，努力地学会指导学徒。在我的带头下，结业典礼的致辞环节，涌现出很多不同的致辞角色与致辞形态。有的以《你笑起来真好看》一首歌曲主打，带领学生互动，表达"笑"的主旨。有的以快板呈现，学生和着节奏，回顾一学期彼此的幸福与经典。不单一的角色，不说教的内容，不刻板的形态，学生乐于接受。

换一种姿态面对每一个学生，教育者的感召力便自然地流露出来。"润物细无声"，这种教育的高贵，很"廉价"，可欲求随意遇见，只能算是"奢求"。它要求教育者必须有童心，必须有儿童生活的真切尊重，多为孩子考虑，有时甚至为了孩子有把自己豁出去的勇气，如此教育方能"随风潜入夜"。

在交往中拉家常

在学校，我们会遇上许许多多面对大批学生致辞的场合，听得最多就是"感谢""感动"与"感慨"，最后还不忘提几点希望。这八股文式发言，玩的都是套路，偏偏学生不入套。因为无趣，因为与他们无关。

每逢学校大型活动，大多都有致辞这一出，而且往往放在最后。看似压轴戏，在调查支持率的过程中发现，却不惹学生喜欢。

有学生调侃："今天，老师就讲一句话，结果滔滔不绝、口水直挂；现在，再给老师一分钟，结果我们默默数了一刻钟。"摹腔拟调，味道十足。不要以为这是小儿戏言，不以为然。著名教育家狄波拉·玛雅有一句名言——学校最重要的是，倾听儿童的心声。我们静下心来仔细琢磨他们的言语，是有分量的，也必能嚼出他们的个中味儿：学生不喜欢长篇阔论或随性发挥的致辞。

话语的温度来自交往，彼此的共鸣来自同频的呼吸。学生所站立的地方就是我们致辞的开端，在此我们彼此拥有熟悉的气息。即使面对陌生群体，这也很管用。2021年7月20日，我参加"石榴籽一家亲，萤火虫行动"浙川疆藏四地青少年红色研学融情夏令营进校园活动，组织方临时叫我代表学校说几句。说什么呢？客套话，学生肯定不喜欢。到现实中去寻找，这是我一贯的做法。这次陪同学生参观校园，正好可以随行观察共建学校结对学生的言行举止。一个个拥抱让我看到了"情深意浓"，再从万里研学看到了"地大物博"。那我就从新疆拜城送教的切身体会和双方研学旅行的比较，道出祖国的伟大和民族的骄傲。抓住两个意象：温州市树——扎根地下的榕树，新疆特产——如同笑脸的熟石榴。结合现场学生的表现道出"情深意浓"。最后借夏令营营服上的六个字"石榴籽一家亲"，对上一句"榕树根千秋情"。借题发挥，把希望嵌入对句中，当所讲的内容与学生现实生活没有脱节，一切就会入耳入心入脑。

临场发挥是如此，"处心积虑"的更需在"备"上下功夫。最好的"备"就是与学生交往。记录每一个精彩动人的瞬间，晨会——每周一次，文化节——每学期一次，儿童节——每学年一次……如此皆有周期，不管谁讲话，都要从校园生活中汲取素材。

一次结业典礼，又轮到我讲话。我说："今天我不是来讲话的，是给两批同学颁奖的。这两批同学都是我在校园内与你们在一起时发现的，非常优秀。""不讲话？来颁奖？老师葫芦里卖的是什么药？"藏着满满好奇心的学生翘首以盼。

"第一个颁奖词是'坚持'。这个学期我与大家交往最为密切的就是温馨的午餐时光，我与德育处老师一起，与最美的你相遇，午餐时光最美的你肯定是不挑食的，不浪费的，不吵闹的，我们称他们为光盘达人。一天如此，方便；一周如此，也能做到；每天如此，就不容易了。现在我们掌声欢迎天天光盘的'小小营养师'们。"八位学生上台领奖，颁好奖，我说："天天光盘，日日健康。这就是坚持的力量，做任何事，只要坚持就有收获。我期待更多的小朋友用好午餐，个个成为'小小营养师'。"此时，不论是台上，还是台下，所有的学生都会想着"健康真好"！

　　这个奖缘于我的一次发现，在食堂出口处，很多学生简单扒了几口就把饭菜倒掉，人数还不少。我看了又心急又心疼，"早上吃得好，中午吃得饱，晚上吃得少"，学生一大早出来，在学校一待就一天，中餐多重要！要吃饱就不能随便倒。我开始每天中午就在食堂出口处给光盘的学生拍照，在班主任的配合下，学生光盘人数极速递增，后来每天都有30%左右的学生光盘，随便应付中餐的一个也没有。我这么做，就是出于朴素的想法——如果他们是我的学生，我一定要他们吃饱、吃好。我要求德育处老师每天给光盘的学生上光荣榜，每周给他们颁奖，期末我来这么一出，其实是"蓄谋已久"的。期末颁奖，我不仅导向"光盘"，而且导向"坚持"，一举两得。

　　第二个奖项的颁奖词是"进步"。我说："我小时候就听着一句话长大——好好学习，天天向上。每天进步一点点，做最好的自己，这是我给自己的要求，也用这个要求去看我们的同学们。今天我要颁发的对象是我们学校这个学期进步最快的一个学生，一年级的时候懵懵懂懂的她还满校园跑，上课想法很多，抢着回答问题，停都停不下来，小脾气也大。现在不一样了，有一次玩游乐器械时跟同学闹了不愉快，哭了，我只说了两句，她就开心地活动去了，她不再被自己的情绪带着乱跑，懂得理解，而且这个学期还读了不少的课外书，被评为校园阅读之星。一个爱读书的学生——多好！我现在就给她颁发'校长友谊奖'，掌声欢迎良辰上台领奖。"

　　学生一上台，抢着话筒说："潘校长，我一定会更好的！"那种真诚天底下只有纯真的心地才能发出。我说："我一定相信你！我们一起读读证书上的这段话——相遇在校园，相约一起成长，相信种子一定会发芽！"我把话筒转向全体同学，同学们回应——相信！那一刻，整个校园都被感动了！退场了，有老师说，自己班里的学生也想跟我交朋友。我，一切笑纳。

"教育就是一棵树摇动另一棵树，一朵云推动另一朵云，一个灵魂召唤另一个灵魂。"不论是谁致辞，都是通过话语形式来"摇动""推动""召唤"，都是通过自己的"有趣""有意"和"有爱"把学生带入教育的时空。它需要一种新的形态，绝不是空洞的说教，也不是古板的讲话，当然也不是歌功颂德式的致辞。歌功颂德，预期肯定是令听者热血沸腾，实际上，往往是说者豪情万丈，听者却难以激情澎湃。大家知道，能上台面的都是台面上的事，我们拣大处说，讲的大多是极少数特长生、优等生的光荣事迹，是发挥了一定的榜样引领作用，但缺少"草根味道"，缺少校园生活的气息，难以产生真正的群体共鸣。更何况儿童认知特点大多偏于感性，只有"体验"才会更好地唤起"体验"。学生倾听的兴致要有真实故事的铺陈，而这就需要"交往"。

我们要引导学生朝哪个方向走，就要多与学生交往。让交往的力量走进我们的致辞，不落俗套的拉家常，就是言语式交往的新态。

用学生的身影梭织出话语的温度

与学生相处，讲话是常有的事儿。私下面聊，来得自由，大多数教师能走近学生。

可有些正式场合，比如集会、典礼等，因为场面大、距离远、对象多、仪式感强，每个学期还复现，你为图稳，讲套话，走老套路，讲得顺溜，常伴有气势，给成人听来，架子端得正，可学生不喜欢听——没有"孩子话"，话语中没孩子，孩子也不受听。难怪学生常常把各类致辞当作仪式中的流程而已，而非满足于聆听、感触温度。

做教育，要做到学生的心坎上，致辞也是如此，要想走进"小儿科"，在您的话语中揉进学生的身影是非常好的门路之一。学生想听什么？尽管答案很多，但对自己身边的人与事肯定不排斥。一来熟悉，二来鲜活。当我们的话语里有了学生熟悉的身影，被点名的肯定倍受鼓舞，还没被点名的期待下一次也能从致辞人口中蹦出自己的大名。每一次致辞都能让"榜样"发生力量，能让每个学生有所期待，温度自然会从每个人的心间升腾。

我每个学期都会在一些关键的点上与学生见面并致辞，如何继续给出高期待？不断翻新花样真的有点难。一次发言甚感黔驴技穷的时候，正好路过德育处，看到一年级王询之小朋友放在他妈妈办公桌上的一座折纸中国居民平衡膳食宝塔，忽然有了灵感——何不借金字塔之形，表金字塔进阶向上之意。

那天讲话我从金字塔生发开去："你们知道这是什么玩意儿吗？是啊，这是中国居民平衡膳食宝塔，你们知道一共有几层吗？各层要吃的东西大家都记得住吗？我把大家说的整理整理，最底下叫第一层，最上端叫第五层。第一层是谷薯类，要经常吃；第二层是蔬果类，要多吃；第三层是鱼禽肉蛋类，第四层是豆奶坚果类，要适量；第五层是油盐类，要少吃。当然还要多运动，多喝水。有了这个膳食宝塔在心中，身体健康，个个像孙悟空，那叫真神通。"

简单的互动，是一种对话热身，拉近了彼此的距离。紧接着我带着学生简单回顾本学期承办温州市首届学生营养与健康教育论坛暨第三届学生营养节开幕式活动，强调当时市教育局两位副局长同时参加我们承办的这项活动，北京大学教授也来了，指出这种规格之高非常少见，让学生明白领导对我们的信任与肯定，是基于我们全校师生的共同努力，开幕式上蔡文哲、徐哲、范煜辰等小朋友表演的《锅碗瓢盆和鸣曲》我们还历历在目。此时，学生骄傲之情油然而生，集体荣誉感开始有了感应。

以点带面，我进而伸延开去："这学期我们学校还承办了很多省市级活动，徐洁雨、周芷瑶等同学上了温州市戏曲春晚，侯嘉宸等小朋友迎接了17位泰国大学生参加'中国家庭一天体验'活动，活动还上了人民网，了不得！朱润祺、陈思睿等小朋友全程用英语对话，接待了两拨美国大学校长与联合国教科文组织领导哦！张乔、王颐晨等十名小记者还采访了'世界温州人大会代表'，我们的学生大气、大方、有国际范。"说到这，全场学生脸上洋溢着幸福，这是为同伴感动自豪。

接下来，我再以金字塔作比："如果把学校的发展比作搭建金字塔的话，我们已经不断地走向我们的塔尖。在这里我不得不提到一个同学，那就是黄子彧同学，他自学编程，获得全市一等一的佳绩，刷新了历史，创造了优异成绩。本学期有很多同学在省市获奖，如果这是学生成长的一座金字塔，黄子彧同学就是这个学期的塔尖，我们把掌声送给他。"相对于学校而言，每个学期总有一两个学生在某个领域是最为拔尖的，抓住了这一点加以鼓励，就等于为下一次的递升突破埋下种子。

从膳食金字塔到学习榜样金字塔，我在讲话中做了第一轮的转换，从学习榜样金字塔到品行榜样金字塔则是我的第二轮挪移。我说："从金字塔的底部往塔尖走，有一条最为笔直的线，那就是'高'，就是立柱，是它撑起了金字塔，在人的身上是一种心灵的力量，是一种品格的高度，本学期有十位同学被评为我校首届感动校园十大人物，他们不仅燃烧了自己，而且温暖了他人。正如章烨烨同学的获奖感言的开篇之语——金子是最纯美的，比金子更美的是人的心灵；也正如罗东润同学获奖感言的最后结语，他引用泰戈尔的一句名言——'爱是充实了的生命'，他告诉我们，远行才刚刚开始，背包里带上热爱，一路上洒满阳光。"在此，我没有过多地用自己的话语概括提炼感动人物的精神，而是直接借用学生的话语，既省力又有味儿，最起码这两位学生得乐呵好半天。

最后我希望所有学生心中都要有一座金字塔，心中有梦想，生活要健康，学习敢高攀，自觉成习惯。我送上新年祝福：健健康康度寒假，高高兴兴过大年。

以上致辞字里行间到处留下学生的身影，如果说这个讲话有温度，那是学生的身影梭织出来的。

"做"出来的致辞更有味儿

结业典礼致辞，是常规项目，历来不想常规出牌的我都是用一个学期来酝酿。

2019年4月1日，愚人节，我向全校学生公开一个帖子：

"吉"弦如意 "尤"你真好

拜师公告

亲爱的同学们：

同德，同学，同行，同乐。一起学习，一起成长，我们附校人一直在行动。潘老师总是想走进你们的生活，在你们闲暇时向你们学本领。去年拜师后，我看到很多同学愿意当我师傅，真赞！不过这么多，我得一个个来。这次先学吉他，尤克里里也行，谁能帮我僵硬的手指找准琴弦，谁就是大名师。由于我们学校小吉他手（尤克里里）特别多，我得选一两位最厉害的当老师。考虑到器具难带，这次不做现场选拔，愿意露一手的小老师们请在家用手机录好视频，在4月10日前发我邮箱51723109@qq.com，一支完整的曲子即可，我先欣赏再拜师。视频制作背景和音效要注意，好的视频我会在学校校门口LED电子屏或者公众号上播放。我一定好好学习，坚持完成小老师布置的任务。

今天是4月1日，大家不要误会，千真万确，绝对不愚人。期待"愚"你美好相遇！

学生：潘照团

2019年4月1日

不用面试，也不用现场较量，只要录好视频，就是平常腼腆的学生都开始跃跃欲试，几十个视频发来，其中不乏刚刚起步的新手。我暗自窃喜，孩子，你的自信与勇敢，就是我最为想要的。最终我选了一个吉他手、一个尤克里里双人组合。当我第一时间公布了我的师傅对象，选上了的学生家长第一时间与我分享了激动与兴奋。

尊敬的潘校长：

您好！潘炯睿从看到您帖子那一刻的激动无比，到斗志昂扬的跃跃一试，至现在收帖时的兴奋尖叫，这一过程都将成为他人生成长路上特别有意义的事件。相信他会认真以待，仔细斟酌"教"案，与您愉快相处。再次感谢您给予的机会！

潘炯睿家长

2019年4月11日

没被选上的，看到了学校电视台、LED播放器展示的才艺，当然也心服口服，大家都在翘首以盼——我这个半老头能不能学有所成、顺利出师。

等待，是美好的，最起码把每个人的心拴在了一起。6月28日下午结业典礼上，大家把目光集中到了我的传统节目——致辞。一个总是把"说话"变成"做话"的校长，这个学期又会变出什么新花样？

我首先把尤克里里带上台，调侃自己"六十岁学吹箫——气力吃不消""半老头学弹琴——手脚都不灵"，一米七五的个头抱着迷你的尤克里里，我戏称是"熊掌抱玉米"，学习的感受都在"谢师状"里：

张李可、严梓涵师傅：

衷心感谢你俩联手授艺尤克里里！尤克里里在手里，就像熊掌抱玉米。重不行，轻不理，东拉西扯干着急！幸亏你俩在一起，耳提面命传技艺。吃了饭，不休息，只要有空就和曲。感谢一路来支持，熊熊巴掌纤柔指。

祝愿明朝好日子，桃李可人意，杞梓涵濡时。

徒弟：潘照团

2019年6月28日

我简单露了一手切音扫弦动作，掌声给了我鼓励，算是出师了。再亮出吉他，简单地弹了《斯卡保罗集市》前几个乐段，清脆的旋律在学生的耳畔回响，又是一阵掌声，真是一批善解人意的孩子。

其实我的亮相只是一个引子，我不能拿自我才艺的表现占满仪式的时间，"在舞台上给每个人留出一个位子"，这是我的第一需要，三位师傅是我的后台，我把他们请上前台，把学校最大的舞台留给他们。我想，这留出来的不仅仅是台上即时表演的实实在在的三个位子，更重要的是给每个台下的学生留足了心底里那个虚拟的位子，终有一天他们想去填补，而且完全有这个可能。我的第二个需要是"在行进中给每个人留下一个影子"，学艺过程及其坚持是要告诉学生的，小师傅的认真负责、耐心指导是我要传递给学生的。由于这次我采用线上线下互动教学模式，小师傅把要教的内容通过视频发我微信，解决了让小师傅天天带吉他和尤克里里的麻烦，这个过程也留下了师徒之间大量的教学视频和电子材料。我自学编辑软件，做了一个五分钟的视频，搬上结业典礼大荧幕，把整个学艺过程视觉化。几易其稿的乐谱，形象逼真的手绘教案，循序渐进地解说，事无巨细地叮咛，手把手地指导，从不会到会的过程……学生们边看我边解说，还巧妙地嵌入了我给潘炯睿小师傅的谢师状内容：

不要小看六根弦，一格一格藏名堂。按弹拨扫不凡响，初学实在有点难。幸亏有您耐心讲，画图拍照加录像，指导有方本领强。结业典礼同登场，谢谢与我共分享。祝愿：睿智伴一生，炯炯放光芒。

你看，我把李可、梓涵、炯睿三个小师傅的名字嵌入谢师状，不仅仅是私人订制的文化传递，更是传递我的寄望：只要每位同学拥抱情趣，握手爱好，学有所长，睿智地做好学与教，不论是老师还是学生，都会像杞梓良材，一生炯炯放光芒。

有些话，我们不一定说出来，但立体的画面，生动的过程，同学的态度，平等的关系，将深深地印记在每个学生的身上，当然也包括周边的每一位同事。

作为一名小学教育工作者，倾其一生所修炼的最高境界是什么？我认为就是打开儿童世界，走进每个孩子的心灵。只有心灵被唤醒，所有的心智历程才有沁人心脾的芬芳，才有回味一生的甘醇。

很多人都在寻找打开儿童世界的钥匙，我就是其中的一员。我的金钥匙就是共情交往，一定周期的、平等的共情交往。所有的交往本身就是在书写师生的故事，在这故事里大家读到了心力——持久，视听——生动，关系——和谐。这种交往是最美丽的，因为你能跟孩子们一起癫狂、嘻哈、哀伤、愤怒与恐惧，无须任何做作。这种美，就是丰子恺笔下的"剥去功利的赤子之心"。儿童，本身就是最容易在美丽面前投入感情的人。师生一起去追求美、交流美、表现美，共情交往，儿童世界也就在自然的平行时空内舒展开去。

讲好身边的故事

《中国教师报》的褚清源主编曾言："平庸的人讲道理，优秀的人讲故事。"太精辟了！一段讲话，都是道理，仿佛都是干货，实质夹杂着干瘪，话太硬了，也不饱满，听者难以消化。对学生而言，更难吸收。故事则不同，有情节，有画面，好听，也能长记。如果小故事里藏着大道理，那就是"美好"最好的着床方式。

故事不宜长，学校里跟学生交谈，促膝长谈者甚少，除了动员大会之类，一般也就十分钟左右的事，大活动上的致辞那就更短，五分钟左右，成了业内的潜规则。担心学生听久了听不进去，容易走神；担心整台节目嘉宾讲话喧宾夺主，拖长活动时间，学生站不住……主办科室站在学生的角度思考问题，我们总得支持。那大部分场合，只要有小孩子在，我们都得注意讲话的时长。那就给我们一个考验，发言人要是一个短篇故事家。

短平快，真善美，情趣味，这讲话还是从学生身边的故事说起为好。校园里每时每刻都发生故事，有心人一定会在第一时间捕捉住。

身边的人与事，最能打动人。每次讲话都有主题，艺术节上，我们可以和学生讲学校保安黄伯伯利用业余时间坚持绘画的故事，站在保安画廊前感受工笔画的艺术表现力；劳动节前，我们可以和学生分享学校200多位小朋友争着申请领养小动物的故事；在少先队员入队仪式上，我们可以讲"华栋好少年"荣誉的来历，讲讲华栋同学在体育运动会上如何自觉行动化解危机的故事……话不多，但鲜活的事例皆出于身边，可感可知。

还有一种身边，就在身边，就是我们常说的现场。讲故事可以就地取材、即兴道来。毕业典礼上，当教师为学生寄语的时候，当学生上台向教师献花并拥抱的时候，泪花常常会浸润全场，如果你是发言人，就可以借题发挥，讲讲这动人的一幕，稍作故事化演绎，就有味道。入队仪式上，由于疏忽，一位新队员胸前没有戴红领巾，低着头，湿着眼，这一纰漏被一位教师看到了，当即解下自己胸前的红领巾走进队伍，蹲下身来为学生"补上一笔"。细心的你，完全可以把这一幕带入你的故事。师生身上折射出来的最为纯朴的举动，都是我们讲话最好的素材。

现场的故事都是生成的，与预设如何自然衔接，情感、品质与精神是最为关键的联结点，任何一点都是"万能胶"。以"十周岁成长礼"为例，活动选址为习近平总书记在温州三垟湿地的榕树亲植园，过程选择"毅行五公里"的形式呈现。当我们大队伍步行到三垟湿地的时候，我发现有位学生和奶奶早早地等候在那里，脚上绑着扎带。我问她们在这里等了多久，奶奶说一大早就来，约莫有3个小时了，孩子一大早醒来就嚷着要在这里等着大家。我被奶奶的一席话以及眼前这位受伤却能耐心等待的学生打动了。这个现场发生的故事如何嵌入我的发言？我们可以讲述一个有腿伤的学生为了跟同学们在一起过特殊的日子早早在活动终点等候的故事。一心想着与同学们在一起，这是情感；不找个借口请假，这是品质；早早等候，不因活动时间的延长而中途退场，这是精神。立德树人，这些身边人的应景事，我们不能错过，它会像一股暖流温暖着每个人的心灵。

跟学生讲身边的故事最大的好处，就是激发学生去创造身边故事的冲动。当校园里的每个教师都关注每个学生身上的真善美，并积极去演绎成美好的故事，那么，校园里的每个学生亦将积极融入这条表现真善美的热流中来。

第 三 辑

焕发生机 活化儿童立场

　　生命意态是动感的、生长的、向上的。勃发其态，靠"自然"，更靠"自燃"。生机需要呵护，需要培育，更需要激发。生命意态的不断冒泡，能量的持有、守恒与增值，永远不可忽略的是站在儿童的立场积极作为。心境上，课程里，课堂中，关系间……让生命自由呼吸。

五、立足生本，看准生态

最大可能地为儿童立场站位

　　一年一度的六一国际儿童节驾着疫云来了，又驾着疫云去了。疫情背景下，2020年的儿童节是云里来云里去。有这么一串新名词与"云"相关："云队会""云相约""云主播""云义卖""云展示""云会演""云相伴"……"云上儿童节"成了今年小宝贝们过节的"热词"。

　　两地学校少先队员在"云端"相会，在"线上"相识，在"荧屏"互动；"卖菜小主播"掀起"云义卖"，通过云直播推销新鲜菜，筹款捐助山村里的留守儿童；开通"云庆典"，以视频录播的方式组织"线上舞台演绎会"，来一场隔空才艺主题展示；视频展示校园十佳，孩子们在教室里欣赏艺术达人们的精彩表演……

　　为了过上一个不串班、不聚集的儿童节，各所学校可谓是"八仙过海——各显神通"，纷纷开启了"云模式"。腾云驾雾的六一儿童节，有人还给贴上了"潮"的标签，也就是冠以"时尚"。这种"流行风"会让学校在策划与组织庆"六一"活动落入人"云"亦"云"的局面，也就是通常说的跟风。

　　做有情怀的教育"不跟风"！做有情怀的教育要有定力，要有自己的价值判断，要有真正的儿童立场。六一儿童节是属于每个学生的，他们自己的节日要自己做主，我们要蹲下身来多听听学生的真实想法与诉求。如下是我们面对学生的"我为自己的节日发发声"调查结果统计表：

表3-1　"我为自己的节日发发声"调查结果统计表

项目	①班级庆典	②观看才艺直播	③网上小名嘴带货	④用双手装扮校园	⑤全校游园	⑥双胞胎节	⑦我与美食有个约定	⑧其他
支持率	6.1%	1.8%	1.1%	0.5%	31.5%	34.7%	23.2%	1%

分析发现，⑤⑥⑦占比89.4%，可见学生喜欢吃，喜欢玩，更喜欢跟同伴一起在全校场域里的玩，不喜欢关起门来自家玩，不喜欢用"观感"代替"体感"的玩，也不喜欢劳作的玩。显然，不玩不过节，不开心地玩不算节。儿童的意愿很清晰，六一儿童节就要动真格地玩。接下来立马出现一个需要平衡的问题：一边是疫情防控，一边是儿童心愿，如何拿捏？开篇处提及很多学校给出了2020年不一样的儿童节——不串班、不聚集，开始都往云端挤。这砝码明显偏向于疫情防控，求稳、求安、避险。做有情怀的教育一定要有儿童立场，没有求己，而是利人，是站在儿童立场上的利好，要努力地拨"云"见日，而非人"云"亦"云"。

根据学生的问卷调查，我们开始了"六一"的重新规划，寻找防控与遂愿的平衡点。疫情我们要注意，疫情所带来的儿童感受我们更要重视。长期在疫情背景下学生都是憋着气在水里游泳，即使4月份返校后也是戴着口罩在固定区间有限定的活动，难得疫情趋向平稳，我们还要等着"天下大赦"——官方正式宣布可以常态化举行学校教育教学活动，方敢满足儿童的天性吗？为了学生，我们要做有勇气的有智慧的有情怀的担当。5月中旬国务院联防联控机制新闻发布会上，中国疾控中心流行病学首席专家吴尊友就明确了不用戴口罩的几类情形，户外宽敞的地方，在低风险区的工作场所，户外运动等都属于此列。显然在低风险地区，确保进入校园的每一个人都是健康的，校内的疫情防控措施到位的前提下，学校的空旷处是可以组织学生活动的。

我校学生对连续组织三届的双胞胎节宠爱有加，孩子们当天可以携手事先约定的伙伴做同样的打扮、过同样的生活，我们不仅满足他们的要求，而且进行了3.0版的升级改良——变双胞胎节为伙伴节，学生可以不局限于体貌，可以童话世界为蓝本，寻找自己喜欢的故事和喜欢的角色，同伴"合谋"在六一儿童节当天过上一个自由自在的节日。为了最大限度地避免人群拥挤与交叉，我们做了规定：①所有的活动都在一楼架空层和操场、草地举行；②分时段组织活动；③只能在自己班级寻找伙伴组团；④领奖时人与人保持一米距离；⑤随时关注学校广播与各场馆一体机的动态播报，第一时间提供活动场馆的参与人数；⑥成立教师疫情防控巡逻队，及时调控人群聚散。我们所做的这一切都是最大限度地为每个学生快乐服务。

"我是四小天鹅里的一只，我们是纯洁的象征！""我是大娃，他们是我的六个兄弟！""我来自三国时期，是一名勇敢无畏的将军……"孩子们欢乐的自我介绍，让装扮的意义升华，充满了故事的韵味。每一个童话王国吸粉无数，一个个小卡通结成伙伴，大家互相配合共渡难关，齐心协力迎难而上，玩得痛快，也长了知识，更愉悦了心情。校园在孩子们的笑声中又回到了本来的模样。

有教育情怀的人都有一个儿童立场。无独有偶，渝北巴蜀小学在疫情之下的"六一"节也是用创新的活动方式，放飞儿童天性。他们唤醒了每个学生心中原有的崇拜的角色，可能是拯救世界的超人，可能是有求必应的哆啦A梦，可能是善良美丽的白雪公主，也可能是……儿童节当天，学生肆无忌惮，扮演心中梦想的"ＴＡ"，做了一次不一样的自己。

六一儿童节我们应当最大限度地还给每个学生节日的专属，让他们多姿多彩地动起来。著名教育家叶澜教授说："教育不能缺失真实的活动，包括丰富多彩的学校生活，真实世界所开展的、有益于身心主动健康发展的各种活动。"抵近真实的活动，要丰富且有意义。2020年的六一儿童节活动要与真实世界联结，赋予特定时期带来的独有的课程价值。我们在疫情背景下增设"疫想天开"活动场馆，这个季节刚好是学校所处地区温州茶山特产杨梅旺季，让有意愿的学生到这里做网上带货，替杨梅代言，家长网上抢购，如此来带动当地杨梅销量，是非常值得存留的精神财富印记。

在疫情背景下，我们不能被"疫制"，不能被"云游"。为了学生的需求我们要审时度势，在安全的前提下满足学生的需要。可能有些人会质疑我不够成熟，疫情尚未真正匿迹，"云模式"既给了每个学生最与众不同的记忆与快乐，也给了每个学生最为安全的节日，最重要的是还让自己工作的风险降到了最低。我觉得这没有理解成熟的本质，著名作家周国平博士认为，真正的成熟本质上始终包含着童心，我非常认同并也这样去实践，最大可能地为儿童立场站位。

应变，最见立场

2021年3月12日，全国第43个植树节，也是温州首个"人才日"，让人难忘。不是因为我登台领奖，也不是因为我与众人一起植下"人才树"，这特殊的日子让我难忘，在于一场变故。

第二天，也就是3月13日（周六）下午，学校将承办温州市青少年媒介素养学院·思辨分院暨院士少年科学研究队成立仪式，可当天晚上8点多接到通知——因特殊情况院士不能到位。试想，活动的头号角色未能出席，这场戏还怎么演？摆好酒席，请好客人，主人却不见了！当时就是这种感受。面对突如其来的变化怎么办？办，还是不办？

与主办方《温州晚报》的方温力主任沟通，刚开始她也纠结：院士不能来，"院士会客厅"做不了，已经通知的温州市近百名晚报小记者怎么办？他们就是冲着院士来的。活动的主体板块没了，整个活动就显得过于单薄，相关领导也就可能不来，甚至会取消这场活动。到底是做还是不做，沟通中方主任的一句话让我产生了极大的共鸣——做与不做都没关系，我就是担心与会的几百号学生。我不禁对这位温州唯一一位"媒体人教育工作室"的主持人肃然起敬。恻隐之心，仁之端也。不管发生怎样的变化，首先考虑到参与主体的感受，这里没有领导唯上的思维，有的是学生至上的大义。其心思的背后站着伟大的儿童立场，形成一股坚定的前进力量，开始了她长达五个小时的多方沟通。

一夜过后，第二天上午9:08，终于拨通了她的电话，此时离下午13:30活动的时间只剩下4个小时22分钟。我理解这位老友，做通领导的工作，争取领导的支持，是活动的精神支柱，同时吸取领导的智慧与意见，能确保活动的质量。我只是跟她说，除了与领导的沟通，我们之间的沟通更重要，因为早已待命的"千军万马"在等着我们的一声令下。通了电话，她还在纠结——做与不做，担心会让全市与会的学生失望。这种担心表明了对我们学校应变能力的"没底"。

她忘了，我们是儿童立场的坚实支持者，得知院士不能到场的那一刻起，我和总校长加仓兄早就有了统一的意见——坚持做。但我们得尊重主办方，得听听他们的意见，当然也包括做做他们的思想工作。毕竟是近20年的老朋友，方温力主任虽然对这场突如其来的变故"没底"，但心底里对加仓校长和我绝对信任。我们知道她的性格，认定了，一定会坚持到底。

在她深夜沟通5个小时、清晨再沟通2个小时的时间段里，我们其实没有停下行动——谋划布局、暗度陈仓。一切为了孩子，不让学生做无谓的精力消耗。最大化地满足每一个与会学生的需求，尽最大可能达成他们的预期。

接到变故的那天晚上，我只做了三个动作：一是通知全体行政人员做好心理准备，因院士出现不可控原因未能到场，所有活动得做好应急准备。99%要做，但也要做好1%不做的可能，全力投入，随机应变。二是通知活动导演组，确定暂停院士相关节目，增加特级教师大讲坛，主持稿和领导发言稿做好修改。三是通知与院士节目相关的师生暂停排练，养精蓄锐，迎接新的变化。面对变化，该果断的一定要果断，犹豫不决，拖泥带水，只能带来纠缠与混沌，当组织者陷入变故后的泥坑，就无法明净世界。当机立断，争分夺秒调整主持稿，就能确保第二天活动井然有序，就能确保第二天的变化只是有心理准备的微变化。

活动当天上午7点，我开始有了以"博士大学堂"顶岗"院士会客厅"的念想，把"真人图书馆"首批导师代表请过来，以沙龙形式做现场互动，增添学生的参与感。大学城附属学校应该有"大学的味道""大学的品质"，让每个与会的学生和博士面对面，本身就是最好的课程。院士虽然没到，但院士的精神可以从博士身上触摸到。我开始为了学生的福利"厚着脸皮"邀请博士家长加盟助阵。一大早，又是周末，临时约请学术大咖实在不礼貌，可是学生的利益大如天，我也只能默认我们的家长朋友都是儿童立场的铁杆盟友，基于他们能理解的前提下我拨通了温州医科大学药学院副院长黄志锋博士、温州商学院传媒与设计艺术学院闫欢博士的电话，两位家长都非常理解，一口答应。一位是国家万人计划专家，一位是中国广播电影电视社会组织联合会媒介素养研究基地学术指导委员会委员；一位是科学研究的典范，一位是研究媒介素养20年的权威。完全符合本次活动的主题——媒介素养下的思辨能力培育，这在预期是未曾想到的。一切都是最好的安排，这就是最好的例证。

变化不怕，怕的是变味。我们学校的办学理念是"创每个孩子回味一生的教育"，小学要有儿童味道，少了儿童味道，就是抛弃了儿童立场，小学教育也就没有了立业之根基。院士没来，我们完全可以聚焦新的主题，给与会学生提供一堂别开生面、回味一生的课程。两位博士的组合，太完美了！沙龙场合，黄博士与学生讲故事，娓娓道来，科学的启示在学生心上播下了"生长因子"。当学生向他提问的时候，由于紧张表达不够清楚，他说"我尝试回答你的问题"，全场掌声雷鸣，儿童在博士的心里是多么重要！呵护他们、启示他们、引导他们，黄博士做到了！闫博士带学生认识媒介素养，并主动与学生互动，让学生回答"人的生命最需要的是什么"，学生积极回应阳光、空气、水，她在肯定的同时笑着补充人类生命第四个必需品——媒介。你想把种子播在学生的心田上，如果没有适合儿童"土壤"，是没办法深植的。富有儿童情怀的闫博士做到了，全场每一张笑脸都告诉我们这一点。

随后再去分组体验两门课程：国旗绘制数学项目学习和家庭实验室一条街观摩体验活动。完美的课程拉下了成立仪式的帷幕，所有人都满意而归。

从变化到适应再到展示，除了黑夜，整个过程不到10个小时，一台云聚全市300多人、历时3个小时的活动成功举办，创造了奇迹。一切皆有可能，相信，就能看见。这个世界没有一成不变的东西，永远不变的就是变。看似普通的道理，理解它、接受它、应对它、适应它直至转化它的人不多，根本原因在于立场不坚定。

儿童立场是教育的灵魂，灵魂在，何惧变故。会后我与方温力主任畅谈感受，我说："变化是最好的资源，站在正确的立场，沉稳应对变化，不就是媒介素养吗？"方主任会意地笑了。

为学生着想的方便

每逢期末，教师或多或少会增添那么几分焦虑。工作在行进，工作又要收网，还要面对各路评价、总结、验收……事一繁，心就烦，心底也就想着如何做事更方便。

其一，有些教师会想着简化头绪，专心做好一件事——考好试。上课，练习，复习，检测，培优，补差……N轮反复，一门心思做一件事，即使这件事也操心费劲，但他们愿意接受。在他们心中，仿佛考好试就是对学生最好的恩惠，就是对家长最好的馈赠，就是对自我最好的认可，就是对学校最好的交代。在这种"考试唯上"的便利价值观支配下，期末就多了一道顽固的习气：抢课，篡课，拖课，私自滞留学生不让去上技能课。不要以为这种现象在近十年已销声匿迹，其实在很多观念陈旧的教师跟前，确确实实开着"应试便利店"。面上看是为学生着想，实际上是为自己着想——把自己所教学科考好就完事。至于学生期末学习是否单调乏味，是否高负荷应试，是否心身平衡，是否有利于综合素养的提升，是否营造着一个和美的校园氛围……一概不论。如此便利，是一种自私的便利，是没有学生基础的便利。当教师不为学生谋便利，不如回家开"便利"。

其二，减不下事情，就简化流程。能省则省，容易让工作打折扣。

如期末考试，我们不能一刀切，让小学六年都是"一卷定乾坤"，或者让小学六年都是"无纸化游考"，是一种简单化操作，是没有适配性的教育。低段要与幼儿阶段衔接，中段要搭起低高段的桥梁，高段要逐步向初中过渡。显然，期末测试三个阶段的操作方式是不一样的。可为了图便利，很多教师还是喜欢一张卷搞定，有甚者还直接取用市场测评卷，连自己的大脑都不肯过滤一下，这种便利与怠业何异？特别是低段，为了避免学生过早得被考试拉入刷题的泥坑，避免学生在一张卷里找不到自己的优劣，避免教师笼统地给出学生的得失分析，近几年，很多学校都采用分项测试和"游考"相结合，不组织一次性考试，而是多次单项目、短时段、多形式测评。好像组织了多次，其实都是课堂内完成，分块进行，稀释了集中复习的压力，对低段是可行的。特别是"游考"的形式，让学生在"无纸化状态下"通过动态过程完成"学力闯关"，学生的知识与能力是在"玩"中观测出来的，把"考试"换张脸，很招学生喜欢。既然学生喜欢，那么我们为什么还要干他们不喜欢的事？我看还是"方便自己"的思想在作祟。为了自己方便，有时候会不知不觉地把学生置于附属品的位置，这是"忘本"的教育。

其三，事照做，方式按自己的一套来。做事有时候很辛苦的一点是要先解读原有的一套方案，再遵照执行。对一些显得复杂的事情，有些人就喜欢另起炉灶，其中的玄机在于省却了对前人文化资产的吸收与消化，按自己的一套来自然方便许多。我认为，这类教师有想法，经常会创生出很多有价值的东西，须当支持，但一定要善于区分，你的创造性做法是不是有利于学生的良性发展。学生的良性发展一定是建立在学校文化的积累上，你的改弦易辙，往往容易稀释校本文化。就如"游考"，每次都要设计闯关的场景，让"考场"有趣起来，而布置场景又非常麻烦，干脆推倒重来，自己来一套，简单就好。这种方便下的学校工作是断点式、散装型，学校文化的根脉是缺少前后延续的，是割裂的。我们鼓励创新，鼓励在原有基础上标新立异，多做锦上添花之美事。站在巨人的肩膀上，可以从身边开始。

方便之处，在校园工作中处处可见，作为学校管理者当予以支持。大道至简，简便易行本是工作高能的可持续的做法，可无视学生的品质化，只图教师一己之便，就不应该肯定。举写评语为例，班主任提出一个学期让老师、学生、同学对照行规标准打钩，实施三维评价，另一个学期的评语改手写体为印刷体，把成绩等第也用机器印刷出来。前者我们可以支持，变一种方式让不同对象对照评价，也是一个不错的方法。但后者我们就予以回绝，只有手写的文字才有温度，只有中国红的印签才有味道。

支持与否，关键在于是否站在学生立场的方便。这也是我们教育者行事方便的命脉，也是教育的基本良知。只有利于学生发展的方便，才是利于教师、利于学校发展的方便，才是真方便。

角度就是门路

工作中常常因"摸"不着门路苦恼过。很多时候，我们行动的惯性就是去摸索、去探寻，费了很大的劲儿，有时常常又摸不着"北"。

北，是什么？是方向，是角度。出发之前你先选好角度，就会发现很多你发现不了的东西，少些南辕北辙的郁闷与苦楚。

记得温州教师教育院师训专家、浙江省特级教师方斐卿来校指导，中餐安排在教工餐厅，刚坐下就说了一句："你们餐厅也太'素朴'了。"我顺着他的视角看过去，确实如此，"7"字形墙体上白灰灰的一片，再加上银白色的铝合金吊顶，冰凉冰凉的，这个视角下的三维空间是少了许多色彩。

为什么之前却看不到？究其原因是"座位依赖"。习惯了原有的座位与朝向，就少有变动过，恰好与专家的视角相反。原视角下的餐厅墙体图文并茂，还算可以。如果按原视角餐厅文化装饰可以不急着作为，换一个角度，那就是当务之急。"角度就是门路""有门路就有出路"，这是我得到的命题。工作中我们往往患有"自闭症"，习惯性遮蔽某些角度，难能体会到"换位思考"就是最廉价的出路。

换位思考一定能打开你的门路。办教育，就要多多从学生的角度思量。天天跟我们朝夕相处的教与学，在角度的转换上很是典型。如果我们天天从教的角度思考，永远没有出路。当你考虑了学，前景就一路光明。风靡于新世纪交替时期的"杜郎口经验""洋思经验"，无不体现先学后教的理念。STEAM课程、翻转课堂、项目化学习、学习活动设计……从课程到小小的教学环节设计，无不感受到学习的磁场效应。即使从小小的教学目标设计出发，把句式的主语由原先的教师变为学生，你都会发现，备课的思考与策略完全不一样，较之旧有的教案你已胜出一筹。

　　德育活动不也如此？举个"六一"活动的例子吧：我记忆中的"六一"节仿佛就是"大合唱比赛"，你方唱罢我方唱，学生更多感受到的是比赛的紧张，而非节日的快乐。后来有了文艺演出，小朋友们不紧张了，可心灵再次被拷问——为什么"六一"节只能让绝大多数的学生感官受到刺激，能不能让每个学生动起来？于是，游园活动开始琳琅满目上场。学生开心的同时，我们又看到他们的独来独往，思量之后开始有人创生了"双胞胎节"，让每个学生提前寻找伙伴，商量打扮，一起相约进校，一起游园娱乐，一起领奖回家……但天天双胞胎，又缺少变化，如何满足学生对新奇事物的不断需求，"伙伴节"应运而生，这是"双胞胎节"的升级版，他们不再局限于穿同样的衣服，不再局限于找另一个同伴，他们会根据虚拟世界里的一个组合去策划现实版的携手。如唐僧师徒组合、七仙女组合、小矮人组合、多萝西组合等。为了学生的快乐，我们可以做出"千变万化"的创新。这一路的角度都是从教师组织到学生参与，从个体展示到每一个孩子的精彩亮相，从一个人的走南闯北，到与伙伴一起的同进同出。这一路的角度改变，不是说"六一"节只能如此演进，但这条发展轨迹告诉我们：儿童视角的不断放大是教育门路的不断拓宽。

　　学校管理因人的存在，需要我们抛弃单一的处事做法，要考虑处理错综复杂的信息，讲究综合治理。思虑的角度绝对不能固化。你从

"管"的角度思考，你较看重业绩，因为"管"——效益来得直接；你从"理"的角度思考，你较看重的是和谐，因为"理"——效益来得持久。先管后理，有时会在施行过程重打结。管，更多地在执行制度，按程序办事，工作管道不够通畅，工作落地不够圆滑，此时就有教师的不理解，产生工作的抵触情绪。有一年"六一"节领导送来礼物——蹦床，由于这玩意有人数限制，管理必须立即跟上。德育处规定开放时间和玩耍规则，同时在学校教师的微信群发了一条信息：每组值日教师E每天中午12:00—12:30在蹦床处管理。这个通知一下子打乱了各个值日组的原先工作安排，可能你心中的E岗位教师这个点可以抽身转移岗位，可实际有时并不都是如此，可能E教师在值日小组内已经换了岗位职能，那这里就会出现信息不对等，工作的落实就会出现执拗的局面。理，则不同，除了整理、梳理、调理、治理，还有是一种理解，理解万岁，当学校的管理做法得到教师的理解，再苦再累也是幸福。就如值日教师岗位临时调整，管理者只要多一个步骤——说明蹦床管理需要，请各组自报名单，兼听则明，如此会避免我们遭逢没有必要的尴尬。管，其站位是管理者；理，其站位是支持者。管与理，考虑的角度是不一样的。变"先管后理"为"先理后管"，是角度的转换，是门路的通达。

生活中有很多这样的道理。角度就是门路，有门路就有出路，就如我天天去餐厅用餐，那扇通往教工餐厅的双开门总是可怜巴巴地只开一扇，刚好过一人。我弄不明白——为什么最初开门的人只是打开单扇门？我也弄不明白——为什么每个经过的人都懒得再开另一扇门？能过就行，将就将就，是不是少了为下一个进来的人，或下一个出去的你，多考虑一步。每次经过的我总是把另一扇也打开，我想把从容、自如、优雅地进出留给更多的人，包括我自己。换位思考，多为与你共事的人、为你服务的人、为服务你的人考虑考虑，你肯定会多一个角度，多一条出路。

不要为了追求仪式的完整而漠视孩子

　　2018年的六一国际儿童节在即，很多学校、社区、社会组织、行政部门都陆续开展慰问与庆祝活动。我们学校也不例外，在周一晨会上组织"科学泡泡堂、最美对对碰"——科技双胞胎节暨温州公益小天使合作单位授牌仪式，拉开迎接六一儿童节的序幕。

　　一大早没有雨，那天，灰蒙蒙的。在酷热的南方，组织室外活动再适宜不得，大操场早早就准备好相关工作，一切就绪。魔术表演，校长致辞，领导讲话，学生发言，貌似非常顺当，可老天爷说翻脸就翻脸，根本不给小朋友半点面子，学生代表边讲雨点儿边落。

　　怎么办？是硬撑到底，把仪式完整走完，还是就此打住，草草收场？选择是痛苦的，选择更考验智慧。教育选择的立场在学生，更准确地说是在学生的成长。每一个教育事件都是育人的最佳时机，顶住还是撤退？其实教育的选择并不是如此简单。我们选择了第三个答案——优雅地告一段落。

　　告一段落，意思是说当天上午我们有两个板块的任务，一个是温州公益小天使合作单位授牌仪式，一个是科技双胞胎节启动仪式，我们先完成第一项。优雅是指我们面对突发雨情并不是慌忙退场，在一声声盛典音乐中，小主持人从容淡定地报幕："现在让我们用热烈的掌声欢迎全国人大代表、温州慈善总会副会长郑雪君阿姨为学校授牌。"当相机定格在陈加仓校长与郑雪君会长握手接牌的一刻，全场掌声雷鸣。雨点突然，但全场师生淡然。我想，这就是学校素养教育自然流露出的一份优雅。

这一幕，被与会嘉宾全国优秀教师、温州大学马克思主义学院张小燕教授看在眼里，她感慨道："你们真心是为了孩子，一下雨就组织退场。""还是优雅地退场。"我笑着说："我们绝不能为了追求仪式的完整而漠视每一个孩子的存在。"学校所做的一切，就是为了每个学生更好地成长。学生在场，我们应该给他们什么，或者还他们什么？这是开展任何教育教学活动首先要考虑的。一下雨，就慌措无序。或者为了仪式的完整，跟老天爷顶着干，不顾师生的当下感受。都不是我们所要的。

教育就怕过虑，考虑外在的过多，忽视内在的力量，我们的教育灵魂就被绑架了。很多时候，我们会考虑领导嘉宾，所谓的外人在场，撑起场面很重要。担心嘉宾会说我们考虑不周，嘉宾会觉得活动草率，嘉宾会认为我们太迁就孩子……淋淋雨有什么关系？坚持也是一种品质！

左右为难时，儿童立场会帮你走出困境。淋雨是现实存在，谁也无法估量下雨的时间长短。事先学校没有预案，学生没有换洗的衣物和烘干的工具，这不是有意而为的"自然泼水节"，我们没有必要拿不确定性跟老天爷斗，不能让学生和教师去承担淋雨的风险。锻炼意志的机会都可以预设，我们不必要打没准备的仗。只要站在儿童的角度考虑问题，你的灵魂总会遇上最美的一刻。

我们临时决定给学生换个场地，继续下一个科技主题的环保时装秀活动。短短十分钟，所有师生、家长完成了"乾坤大挪移"。表演者集中在报告厅，部分学生代表参与观看，其他在教室看录播。一个个精心准备的双胞胎环保时装秀惊艳登台，踩着热情的旋律，在炫彩的镁光灯下，个个都是那么"专业"。自信写在每个学生的脸上，学生笑了，家长笑了，当与会嘉宾宣布科技双胞胎节开幕的时候，科技手工电子白鸽满场飞舞，整场欢快的节日氛围开始充分燃烧，这是不期而遇的收获，远远超过了室外预设的走秀。

活动结束，外边的雨也停了，这就是南方夏天的天气特点，很自然。我们的教育也要自然：天热，我们期待阴天的庇护；雨天，我们希望优雅的呵护。站在儿童的立场，让每个学生看到自己的美好，也看到别人对自己的美好，多好！

原生态，是教育的自然，我们不必刻意掩饰。就如今天的仪式，不一定完整，给学生的感受要完整——不可为了外在，人为地破坏内在体验。缺失内心的润泽，才是一种真正的不完整。

儿童教育不能只有玩

近期省外出差，恰好遇上会议所在城市复评全国文明城市，承办学校领导反复提醒与会者不要丢垃圾。紧张程度从下面这个画面可窥一斑：学校清洁工半小时就清理垃圾桶一次。翻翻垃圾桶，看不到一点垃圾。没有垃圾，就不会分错垃圾。逻辑成立，价值却严重"塌方"。

"千教万教教人求真，千学万学学做真人。"教育掺不得半点虚假。垃圾分类，绝对是动真格的事儿。作秀，解决不了问题，反而会加重问题，落下华而不实之骂名，更大的代价是错失了垃圾分类教育的窗口期，"全面环卫""全国环保"的时代至少延后一代人。

真正的教育缺席不了社会性，当前的学习成效其真实性体现在下一步的社会性适应。从这个角度说，学习就是社会性体验。垃圾分类是实践性、社会性很强的教育，如果脱离真正的实践，那就是作秀。

大家姑且来审视如下镜头是否在作秀：好几个学生在玩套圈游戏，套圈上写着不同名称的物品，向写着垃圾不同类别的立柱套圈，取名"垃圾分类对对碰"；也有的玩投球，称为"垃圾分类大灌篮"；有的在地上铺一层大的飞行棋棋盘，在上面下棋，叫作"垃圾分类飞行棋"；有的来个垃圾桶DIY，变废为宝，在大厅展示……

是不是玩得很嗨？但有看到实操层面的吗？如果没有，那与作秀有什么区别。有些东西可以玩出名堂，有些东西怎么玩都玩不出名堂。我们的教育不能老用"玩是孩子的天性""玩中学、学中玩"等冠冕堂皇的说辞来包打一切儿童教育。

前段时间听了一节体育课，学生在跑跑跳跳、追追赶赶中完成了垃圾分类的任务，或者说学生在垃圾分类的跑跑跳跳、追追赶赶中提升了体能与技能。场面很热闹，把垃圾分类融入学科教学也很有创意，遗憾的是垃圾分类的标准出错了，教师只把垃圾分成两类——可回收垃圾、不可回收垃圾。不管是类别还是名称的错误（可回收垃圾应为可回收物），都背离了现实。学生锻炼没有被影响，垃圾分类却误导了学生，玩出了体质，却玩错了名堂。当垃圾分类成为一种噱头，教育就得不偿失了。

儿童教育可以玩，也提倡玩，但不能只有玩，尤其是体验类的、应用类的、实践类的。只有把学生置于真实的垃圾处理的境脉中，教育才会真实发生。

当垃圾分类止于游戏的时候，教育就是负面的，不做比做更好。明摆着"玩不出名堂"，有些学校还会大张旗鼓去作秀。他们在垃圾桶上做文章，卡通的、自制的、包装的、电动的、智能的……能想到的都有了，接待校外考察团或者迎接领导检查，都极力渲染个性创新和生本美化的一面，对实际分类效果却轻描淡写或避而不谈。这又是一种作秀，较之之前的作秀，只做了面上的平移，从"玩"到"创"，没有直抵根本的"干"。

你与细节的距离就差一门心思

写这篇文章，还得从一段交谈开始。

2018年9月11日，学校邀请到中国科学院力学研究所研究员、博士生导师陈光南教授为学生做《声音趣谈》的科普讲座，课后候车期间，我们俩做了简短的交谈，陈教授跟我分享了他人生里干出的第一件大事。他30年前还在武汉钢铁集团公司工作，当时美国、日本一些专家在厂，汽车钢板从生产线下来100%合格，可当他们撤走后，生产的钢板竟然有一半以上不合格，更奇怪的是，自己认为好的，反而不合格，自己认为差的，还大部分合格。实际上，所有的设备、原材料、生产流程、施工者都一样啊！一段时间内大家找不出个中缘由。这个难题最终由陈教授团队攻坚突破，他们发现钢板的厚度不同，合格率就不一样，太厚不行，可员工们为了省工序少了冲压的次数（当时绩效评估是以重量为准）；发现一个单位内的钢板杂质不能靠总体比例评估，分布的颗粒大小非常关键，如果其中一粒杂质太大，即使只有一粒，这块钢板也只能作废；还有钢板表面的光滑程度和色泽也非常重要，之前看到外国专家手里拎着一个很重的仪器在钢板上触触碰碰，大家都不在意，专家一走，大家就把这测评表面光滑度的仪器给丢在一边，后来才知道这是关键的不可或缺的一步……

这段交谈，对我触动很大。谁说"成大事者不拘小节"？"差之毫厘，谬之千里"，越是大事，越决胜于细节毫末之间。制作钢板，参数、流程、环境、工作人员、制度等都一样，可优质产品的稳定性就是出不来，差的是什么？不就是一门心思吗？在此，陈光南教授多了一门心思去考虑评价的科学性，改变笼统的质量评估标准，精准自然随之而来。钢板塑型的绩效，如果在看重量的同时再计面积，那么员工就会多一手冲压，钢板的厚度就会降到标准线上；钢板上的粗糙度，如果在看整体分布比例的同时，还去看单一个体的体积和单一裂痕的深度，那就能减少钢板爆裂和钢板断裂的可能……陈光南教授的成功，就是在细节处，在看似不起眼处，迈出了坚实的一步。看到了不等于会做，做了不等于做得好，只有多花心思揣摩"为什么这么做"，你才会真正在理解中做事。

细节之于生产，是成败的关键；细节之于教育，是成长的养分。离开细节，教育就显得干瘪枯涩，各种教育关系就如同缺少润滑剂的齿轮。校园内遇上学生，你是仰起头来，还是蹲下身子？当孩子忘了带东西到校，你是不是常常会接到家长后方补给的来电，你是烦躁不安、微露不快，还是热心帮忙"物归原主"？研讨课上课件一下子播不下去，你是一旁观望，还是主动协助处理……你会选择，就懂细节，教育就会更温润美好。

你走到一所校园内，看到学生跟你微笑打招呼，看到食堂专门为特殊饮食要求的学生设独立窗台，看到操场上不适宜跑步的学生拥有独立的区间舒活身子，看到跃层图书馆有个特设的滑梯通道，看到校园内有个诚信"水立方"——供忘带水杯的学生自行投币自行领取，看到所有的棱角被磨成的弧度……你是不是觉得这所学校值得信赖，力量不就是源于细节吗？学校做得好的原因，就在于她多了一门心思。

这门心思，是细节的情愫，往往能"给养"人的一生，让美好深入你的骨髓，你每时每刻的表现都不是刻意的，而是自然的。在2018年的开学季，9月18日上午9:15，美国阿帕拉契大学（ASU）副校长杰西·卢塔宾瓦教授来访我校，我因为听课比迎宾团队迟到了几分钟，当我赶到校门口小跑上迎的时候，他竟然也小跑迎来，这可是一位身材高大的美国大学校长，根本没有架子，两个"小跑"一下子拉近了彼此的距离。接下来的全程由三位学生全英文导游接待，他跟孩子们手牵着手，聊得非常愉快。到了多功能演播厅，三位学生本来想即兴来一段英文版话剧，让我们意想不到的是，本来坐在台下观众席的杰西·卢塔宾瓦教授竟然主动搬了一张小凳子坐到学生当中去，与学生默契互动起来。当学生请他签名留念的时候，他竟然拿出自己的笔记本让学生给他题字留念。一切都是那么自然，直至惜别时刻，他与学生自然地拥抱还深深地留在了我们的记忆里。一位身材高大的美国大学校长，他用细节文化与我们做了一次很好的交流。

教育文化就是要靠细节说话，我们要多一门心思去处理与我们产生关系的教育因子。

秋季开学，一年级成了我的蹲点单位，常去调研，发现学生坐不住，两条腿间歇式的荡秋千。如此一来，课堂嘈杂了许多。有教师认为是学生刚刚从幼儿园过渡过来，需要有一个适应期，时间久了，自然会好。我的心思跟他们不同，听课的时候就专门关注学生的坐姿，发现"荡腿"的根本原因是凳子太高，一年级小朋友整个屁股坐到凳子上，后背紧贴着靠椅，本来个子小的他们双腿自然悬在半空中。我建议学生上课凳子坐一半，还有困难的，直接换矮凳。让学生上课双脚着地，学习才更踏实。真的，这一招很管用，课堂上管住了双腿，就管住了屁股，管住了屁股，就管住了脑瓜。

课堂面貌的改观，还是跟细节有关系。细节明摆着，为什么就看不见？或者，看见了为什么却无法洞见？常常是，被领导点化，被同事提醒，被错误震醒，你才开始觉察到细节的力量，开始明白细节其实就在身边，就在眼前，只是常常会跟你开玩笑，喜欢捉迷藏。你是否会问——自己与细节的距离到底有多远？

其实，你与细节的距离就差一门心思，实际上，你恰恰只有一门心思——过多地关注与自己切身紧密相关的那一端。只有让你的心思联结点往外伸延，拥有为人着想的善良，细节就会赋予你力量。

作为教育工作者，要始终牢记：每个教育事件的发生，要么你是观察者，要么你是亲历者。不管是观察者，还是亲历者，你始终都是当事人。对细节的关注，是我们教育者应有的担当。

请把奖颁给每一个学生

颁奖，这活再熟悉不过了，不是自己领奖，就是为领奖者鼓掌，有的还颁过奖。可以说，颁奖是我们校园生活不可或缺的一部分，激励着前行，影响着一生。把颁奖摆到台面上来谈，大家都认可其价值，可很多时候我们都有一个怪现象——走着走着就忘记了为什么出发。天天见面，熟悉了，也就有点麻痹，要重新唤醒，激活神经，那我们得端正思想，提升认识，规范行为，创新发展。

有次，我走进一所学校，刚好遇上周一晨会，学校大场面地组织艺术节颁奖仪式。报到名字的学生纷纷从队伍中跑出来涌到主席台的一侧，蹦蹦跳跳很是欢跃。按项目一批一批站到台上，有的红领巾甩到后头当辫子，有的干脆不戴，有的外套开襟，有的头发凌乱……颁奖教师事先并不知晓，临时被点名上阵，紧赶慢赶。偶尔传来教师的声音："这个没有奖状，那个缺了条绶带。" 现场很多班主任抢着站到台前的黄金位置为本班获奖的学生拍照留影纪念并及时转发朋友圈、家长群。积极的孩子努力踮着脚探望，也有一部分学生眼神飘忽、身形自由——听听颁奖音乐足矣。颁奖尾音响起——未领到奖状或绶带的学生请到台前来登记，多领的学生请归还。

整个颁奖仪式，主持人声音、颁奖音乐和稀稀拉拉的掌声交错，偶尔有点嘈杂，领到奖的很开心，有奖领不到的有点失落，小观众在场上观望，更多的可能连观望都没有机会，他们可能看到的仅仅是高举手机拍摄的班主任的背影。

看到了这样的一个场景，一个问题油然而生：我们的奖到底是颁给谁？

颁给谁？肯定是颁给获奖的对象。事实摆在眼前，获奖的孩子们手捧沉甸甸的证书奖品，不是秃子头上的虱子——明摆着吗？由人及物，由物及人，好像一一对应，实际上是狭隘的教育观遮蔽了颁奖的深层意义与价值。

颁奖，不是个体，而是全体。这是颁奖的指向问题，颁奖是为了表彰先进、树立典型，传递正能量、发挥感召力。我们不能满足于个体或团体的定向肯定与鼓舞，更重要的是要考虑颁奖给参会人员带来什么。

首先，颁奖是一场仪式，是一种仪式教育，每个人参与其中耳濡目染，在心灵深处埋下希望的种子。每个流程都要考虑周到，每个奖品都要严格审核，一一对号，每个设施都要切合主题与氛围，严谨而又庄重，激动而又宁静，我们绝不能把颁奖当成形式，敷衍了事。在颁奖前一定要整好队伍、正好衣冠，特别是上台领奖的学生务必要衣冠整齐、面容端正，少先队员、团员、党员都要戴好组织标志。点到名字的获奖学生建议提早从队伍后面往前边绕上来，学校规模大就要分区站立，让每个年段的学生从方阵的间隙通道中走上来，这样能确保全场的秩序。上台领奖的次序和颁奖证书的次序要一致，不要让颁奖嘉宾在主席台上来回找学生。领到奖的学生要统一整齐向颁奖嘉宾行礼，比如少先队员要敬队礼。台下的学生要学会整齐划一地鼓掌，鼓掌就是一种欣赏，就是一个指令，就是一个团队的精神面貌，不可忽略和随意。如此礼仪规范要求很多，不做赘述，只要你用心，一定能做到仪式感的教育要求。

除了常态的先进项目颁奖，要让我们的颁奖仪式让学生更有期待，更强地唤起奋斗感，我们要考虑创新形式。一种是地点转换，比如都在大会场，有时根据需要可以移到春游的游乐场，有时可以小范围地集中在校园的一角，让场景变化带出不一样的颁奖风味。有时可以变换形式，不一定都是笔挺直立于操场，正襟危坐于报告厅，特别是小范围的颁奖活动，有时可以让孩子自由就座于地上，大家围坐一圈。也可以让学生上台摇奖，可以现场互动，给台下观看学生参与感。形式上也可以创新项目，让颁奖不一定局限于结果的获得，可以是过程的关爱与肯定。你在比赛中获得一二三等奖可以颁奖，你在校园生活或者成长中坚持走完每一步，也应当给予鼓励，可能这有点像进步奖，可又不能被进步奖全部涵盖。比如有个学生一直很专注地投入学习，可能成绩并不是班级最好，但学习品质却是很有潜力和韧劲，我们可以评"学校最专注的人"。另外与学生交往，孩子很愉悦，并在愉悦中表现出一些温暖他人或集体的事情，我们可以颁给"友谊奖"。甚至倒过来，拜学生为老师，给学生颁"良师奖"。形式创新很多，我们不要囿于固化思维。颁奖不要千篇一律，既有传统，又有新风，不止于结果，更看重成果——成长的过程果实，非常重要地在情意目标和过程教育上丰富颁奖新的价值。

颁奖是常规，更是一种艺术。我们要从墨守成规中走出来，考虑更多更大的利益共同体。颁奖有个体，更有全体；颁奖是形式，更是仪式；颁奖不要固化，更要活化。目的就是为了回答大家的问题——我们的奖到底是颁给谁？记住，不仅仅是眼前的获奖者，更深远的意义可能还是站在台前的准备努力奋进的"接班人"。

再次重申与呼吁：请把奖颁给每一个学生。

创造孕育多种可能的空间

校园文化建设中少不了学生作品的点缀，实质上学生作品是学校文化的灵魂。有生机的校园，方有鲜活的文化。我们努力使每一面墙都会说话，让每一处地方都能育人，在校园文化里揉进满满的学生情怀与生命自觉。实际上，要把内心的愿景转化为现实，除了去想、去做，还有一点很重要，那就是不断地去探索新的行走路径。

我们校园文化除了使每一面墙都会说话，让每一处地方都能育人，还要积极谋划"让每一个人都有展示自己的可能"。这种"可能"的基础来自"低门槛"——只要你手头有作品就有展示的机会。

以往的展示，是优秀作品的天下。走进校园，随处可见学生的作品上墙，可仔细一看，有几种现象值得反思：都是优秀学生的作品；优秀学生作品多处亮相；优秀学生的作品长时间不下架（一是舍不得；二是懒得换）。展区等于优秀学生文化形态的垄断区，可以说这种展示是高门槛的。

抬高门槛是一种理解的偏差，太狭隘地理解"展示"，酿成了主体单一、作品重复、更新慢、不丰富等问题的困扰。实际上，展示是指展现、显示，摆出来让人看。没有给我们任何要求，我们是自己给自己加码，人为地隔离了"大众生员"，人为地"蒸发"赋予每个学生的多种可能性。其实，每一个作品都是有价值的。每一个作品背后都站着一个主体，每个主体的身前都立着一个作品。我们不用担心学生没有作品。我们去家访，常常看到学生家里或多或少都有自己喜欢的作品，可能是自己单独做的，可能是几个人合作的，也可能是别人赠送的手工艺品，反正都值得一看。"值得一看"就值得展示。我常常奢想，如果有可能，学校应该给每一位学生设置专属的展位，即使它六年独守空房，但"给你留个位子"至少给了它的主人心理安全感。

现实中，我们无法一一满足每个学生的"零门槛"展示。资源限定客观存在，突破的策略就是在有限的空间造就无限的可能，这是校园文化新生态构建的机理。也正由于资源的限定，我们可以尝试"饥饿营销"的办法——让达到条件的学生先展示作品，也便有了从"零门槛"的理想到"低门槛"的实践——开设"私博馆"。

"私博馆"，就是私人藏品微型博物馆。学生把自己私人手工作品拿到学校展示，学校给他们提供安全保险的C位展区。这个私人指向的文化创意，在我们学校发生了多次的迭代晋级。最初始于2018年，学校专门在校园的一角圈出一块地，作为私人艺术展区。当时四（1）班12位小朋友联合组织自主承办书画展，所有作品都由学生家人装裱，场面非常震撼，艺术氛围浓烈。课间参观者络绎不绝，参展者欣喜满面，可接下来遭遇的尴尬是摆放在通透处的作品一天下来多次被风刮倒，虽然有人及时维护，但书画作品仍然破损厉害，作品最终以"心疼"回收，让我们担忧的是：下一次还会有学生舍得拿出自己的私人作品供我们欣赏吗？

为了解决这一顾虑，我们又开始从"为私人提供展位"到"为展位专属私人"的转换。在创客馆独辟展橱，由于没有"私房门"，学生不舍得把自己觉得珍贵的藏品拿出来展示，只是平常课堂或者是文化节创作的作品，品类比较单一，长期一种面孔只供外校参观团欣赏，本校师生少有人问津。展品也短命，有些好奇的手指触摸过，缺胳膊少腿的不少，能熬到学期末的也就被学校集体当作废品处理。

我们进一步思考，学校呈现的作品不仅仅只有"面子"，更要紧的应该是"里子"。作品的生命力最大部分来自校内师生的感官与心灵的消费，"自家人"喜欢看很重要。为了实现作品与心的交会，我们于2020年新建校史馆，馆内增设了"私博馆"。这个馆中馆，每一个展位都有一把钥匙，空间有大有小。展品一半来自学分基数，基数越高越有展示的可能；另一半干脆拿出来给学生摇号，不设门槛，满足不同学生的展示需要。火爆程度完全可以预期。

"私博馆"的设计与操作要注意以下几个方面：

其一是选址。作品是用来展示的，最吸睛的地方就是我们的第一选择。要么在"光明堂"——在学校最敞亮、人流量最大的地方。要么在"荣耀堂"——学校里最让学生神往的甚至神圣的地方，如校史馆、大队部、荣誉室等。

其二是形式。建议用壁橱的形式，设计好大小不一的橱格，高度适合学生的视角，方便品赏，展位安有柜门，可锁，透明可见。柜门口贴个《说明书》，具体介绍作品的特色。如果是自制作品，要写清楚制作步骤和注意要点；如果是非自制作品，要写清楚彼此之间的故事。

其三是定位。展示作品要有可观性、可读性、可感性，更要有可学性。学校是以学为中心，展品也不外乎。除了触动，还要有"脑洞"。展品以学生自己或与人合作的作品为主，鼓励创作，提倡能反映出研制过程的作品。如果是非自制作品，如"祖传类""情谊类""商品类"等作品，作品不要太贵重，价位尽量不超过1000元，避免攀比跟风，而且展品与参展人还要有故事。

其四是专属。每个展位只要被学生申请成功，在两周内都归属申请者所有，其间可以自由调换自己的展品。想延期展览，需向学校大队部重新提出申请。为了避免私有物品丢失，也更体现专属感，需要给展位学生提供钥匙，由学生自己保管（学校另备用）。

其五是机制。采用"五制"，一是申请制，由学生自主申请，常规申请时间统一定于每月的1日与15日，当申请量超过展位总量的五倍就暂停申请；二是抓阄制，给申请作品编号，抽签决定参展对象的先后次序；三是点赞制，给展示作品点赞，根据点赞基数安排展期延长的时间长短；四是租赁制，每个展位需要参展学生租赁使用，根据学生在校的德智体美劳综合表现积分租赁（比如我们学校就是以"同德章""同学章""同行章""同乐章"积累情况来租赁），如果积分不够可以透支，如果零积分也可以先预支，再在之后的学习活动中去积累"资本"，在一定的周期内还清，各个学校根据实际而定；五是保险制，每一作品入展前参展者根据自己需要选择要不要保险，如有需要得跟大队部签订"保单"，如有遗失学校可以实物或等价赔偿。

如此一来，"私博馆"不仅仅只是展示，它还有多元的教育意义。

首先，"私博馆"体现了面向全体，尊重个体，满足了每个学生展示自己的可能。刷新了每个人对展示的认识，展示不是优秀生的专利，学校的舞台是留给每个学生的，只要是学校里的学生都有展示自我的机会。由此，也从小在学生的心田上埋下了公平公正、机会均等的种子。

其次，"私博馆"激起了学习期待，鼓起了表现欲望。只要有机会，我就想；只要去想，我就有机会。这是"表现欲望+学习期待"。欲望+期待=奋进。为了满足自己的需要，学生会积极参与学习，在各类校园生活与学习活动中努力表现，用实践去实现"今天的学习表现积分就是明天的自创空间"。

再次，"私博馆"融入了评价系统，为学校整体评价提供了"中转区"。如何让各项评价的"数值"不单一地指向评优评先？这需要一个"转换空间"，让学生的表现积分不因囤积而过期，不因过期而作废。"私博馆"让这些积分拥有了二次生命。

最后，"私博馆"体现了社会性，整个过程学生在仿真的租赁与保险流程中走过，会比没有此类经历的学生更有体验。今天的学校是为明天的生活做准备，在可能的条件下我们要尽可能为每个学生创造真实体验的机会。

教育很难百分百的私人订制，但不断朝向这个方向不懈追求，是我们教育者应担的责任。"私博馆"只是私人订制的教育行动之一，我们也可以通过每年组织一次"私博会"，来丰富"私博"形态，来为"私博"造势，也为"私博馆"做好"星探"。

"私博馆"设计的核心是赋予每个学生公平的专属的VIP体验，它可以演化出很多"私博体"。比如把某面墙壁交给一个学生，让墙绘大尺度展示作品；让学生预订校园里的石头，请师傅刻录好的作品上去；也可以把学校的室外风雨图书架让学生承包，供他流动私有图书……虚位以待，方法很多，在有限的空间创造无限的可能，只要抱持这种信念，一切皆有可能。

六、建构高阶，孕育生机

于根本处坚定教育立场

平常跟教师交流，发现他们比较关注方法。"您说这件事怎么做好？"就连中层行政人员在汇报工作方案的时候，经常也会问我这个问题。工作有许多棘手的地方，非常正常，可只关注"怎么做"，办法再多，也有乏术之时。方法背后应该有一个思想源泉，也就是"万变不离其宗"的"宗"。"宗"，没有那么玄乎，只要你抓住根本，树起自己的教育立场，你就找到了"为什么这么做"的根蒂。

首先我们要站在学生的立场。记得有次学校过三八妇女节，按照传统，女教师休假半天。这对于男教师偏少的小学来说，着实是一次考验。而且年年有，年年又不能老套。在行政会上，工会主席拿出的第一个方案是女教师在学校学插花，男教师带学生用一个小时"画妈妈"，剩下时间看电影。还没说完，就被大伙否决了——性价比不高啊！兴师动众，折腾大半天，女教师在校内必然会不时受学生、男同事的"叨扰"，还能清心玩插花？小朋友画妈妈头像需要花那么长的时间吗？另外看电影一般都要一个半小时，你把余下的几十分钟让孩子看片段，过瘾吗？貌似活动组织顺顺当当，是完成了，可教育的价位却是直线式下滑。当教育把学生当成了附属品，还有教育吗？这就是教育立场出现了问题。

教育是为教育对象服务的，换位思考始终是教师处事的第一思维。做这件事，学生会不会受影响，学生喜欢不喜欢，学生有没有基础，学生怎么去完成，学生最终能从中得到多少益处……从学生的角度出发思考问题，这是我们教育工作者最为根本的为师之道。基于"三八"节活动双主体的考虑，我们提出新的活动方案：安排女教师到风景区龙湾雅琳生态园观赏郁金香，拥抱大自然；安排男教师上课外拓展课，带学生折立体心形饰品，在影院式的大报告厅观看完整版电影大片。这既让女教师开心过节，又让学生享受不一样的课堂体验，让双主体双收获。事后，我了解第一个方案出台的想法，原来是便于掌控，只要叫个插花技师到学校教授，只要拿张A4纸孩子就可以自己作画，只要点击一下键盘电影就可以播放，一切都是"可控思维"下的工作模式，背离了教育的第一立场——学生立场。

眼中没有学生，这种现象平常也不少见。雨天，学生在雨中翩翩起舞，领导在台上撑着遮雨伞；烈日，大汗淋漓的学生在操场上集会，教师三五成群躲在树荫下；课上，学生在做练习，教师拿着手机时不时瞟几眼……如果你心中没有学生，怎能配上教师这个光荣称号？怎能让教育更有味儿？

有了学生立场，我们还要有课堂立场，最低限度干扰课堂。课堂神圣不可侵犯。"零干扰课堂"应该成为我们的理想。即使有活动冲突，也要做到最低限度干扰课堂，这是我们的又一个教育立场。

随着课堂内涵与外延的不断丰富，学科课堂被冲掉的概率不断增大，这非常不利于我们良好学风、教风、校风的形成，不利于新时期学习型组织的建设。我们心中明白，可做到又是另外一回事。看看下面这个案例：一年一度的艺术节活动，琴棋书画、说唱评弹在校园内齐刷刷上阵，每个孩子只要愿意都有机会，校园海选场面异常火爆。可有老师跟我反映，艺术海选活动影响了课堂教学。原来美术类比赛都排在每天12：30—14：00，到13：40上课的时候，总有那么几个学生陆陆续续进教室，课堂秩序受到冲击，教师不敢做过多的新授，每天如此，教师肯定不堪其忧。很多人以为这个时间方案是我同意了，也就没有吱声。我笑了笑说："可能是你们还不懂我，最低限度干扰课堂是我的教育立场。"由于德育处主任出差不在，我要求接下来两天赛事做出两个调整：一是时间提前20分钟开始，二是比赛时间精缩，只要能选拔出优秀学生参加市里比赛，无须在海选时段就严格按照市里比赛时间走，内容上我们可以降低要求，只要同样时间同样要求完成作品就可遴选。

本以为接下来的音乐类比赛，德育处、音乐组会就此原则调整比赛时间方案，可星期天的时候又有教师提醒我，据他所知，下一周比赛更离谱，独唱、独舞、独奏，连续三天，每天12：30—14：30。我发微信给主办人员：务必做好调整，不能影响课堂。主办人员回信："接下去是音乐类比赛，每班2名学生，共20名学生，一人少算2分钟，也要80分钟，加上上上下下，至少2小时，所以真的避免不了影响课堂！"组织者是用心了，活动大板块时间都排在中午，做到了尽量不影响课堂，可课堂不可动摇的教育立场还不够坚定，没有做到最低限度的干扰，因为活动组织还是有空间的。第二天我还是老办法——面谈交流，最后柳暗花明又一村：采用分段组合式，抛弃原先全校性（共三个学段）单项比赛的固化思维，每天12：10—14：30组织一个年段参加，把同学段的独舞、独唱、独奏集中展示，既丰富了舞台艺术表现形式，观赏性增强，同时让所有同段学生集中一块上大课，不再干扰学科课堂。对于评委而言，还是三个时段，没有因此增加工作量。前后方案差距产生的根本是教育立场不够坚定，只要你认定课堂不可随意骚扰，你就会有信心无退路地拿出最佳工作方案。

立场之三是过程。教育，常常与"做"搭配，讲的就是过程。做教育，就是做过程。这个教育立场坚定了，我们就不会朝三暮四，就不会虎头蛇尾。启动一个项目比较容易，难的是天天坚持。3月12日植树节，我们安排了亲子植树活动，校园里独辟一片天地让学生跟家长一起栽种，很是慷慨，可植树之后，这片亲子林却从此无人问津；学校里有块空地，开学初让学生来种菜，由于事先没有分畦，热情高涨的学生只顾得自己的菜苗，浇水时把邻家的菜苗都踩瘪了；让每个孩子入学的时候做个陶泥手印，可做好了却放在储藏室里睡大觉；市里比赛报了名，可参赛学生迟迟未选好；让学生做新闻播报，一上台却是拿着文稿照本宣科……学校里这种吃掉教育过程的现象举不胜举。没有过程就没有教育，不要比什么都有，比的是已经做得如何。

基于这一教育立场，我们把篮球赛、足球赛放到了每天的大课间，每天安排四个班级对决，真正做到体育不是为了比赛，而是健身。我们在学校的一角搭建一个小舞台，每周三的中午让各个班级轮流来表演。学校评金点子的特别奖——钻石奖，把这给了二年级段的"学币嘉年华"，原因就是他们做到了过程的最大化，一开始就给每个学生明确一学期可以从哪些方面争取得到"乐学币"，期末每个班级摆起铺子，设立学币兑换超市，有文具的、玩具的、美食的……这一下子成为学生最为期待的期末活动。可见，过程做好了，结果也就更为美好了。

一切的教育教学活动，都离不开安全作为保障。把安全摆在首位，这是生命教育的硬核存在。有人把安全比作"1"，其他都是"0"，有了安全，其他的作为方有意义，就是"1"之后的一次次的数位叠加。学校是精神的高地，更是生命的花圃，面对活灵活现的生命，我们的教育要忠于生命的完整性——在追求精神高度的同时呵护健康的身心。

我们走进一些校园，常常被一个镜头感动——校园有棱角的地方都包上了防护层，小小的举动道出了安全首位的生命情怀。基础设施上，做个包边去个棱角，还算方便。思想意识上，时时处处把安全摆在首位那得更用心。有次学校春游，安保人员的随行物品中除了急救箱，还多带了救生圈，可能别的学校做得更完备，但对我而言，很是感动。又不是去湖海江河游玩，只是普通的一个公园，但我们的安保部门多想了一步，这肯定是一次安全有保障的春游。

对有准备的安全，只要更用心就可以。可有患无备怎么办？这常常是应急状态，更考验你的教育立场。当发生紧急情况的时候，你是先考虑学生的安全，还是其他？可能有人会问："安全面前还有什么其他可言？"事实上并不完全如此。

有一天下午的最后一节课，临近下课，忽然对面教学楼响起了歇斯底里的尖叫声，夹杂着一些学生喊叫老师的声音，同时见有几个学生手拿扫把、畚斗在走廊跑动。我一边叫德育主任去看个究竟，一边往教学楼赶，正好在一楼遇见该班准备放学的学生，还没等我问，他们就抢着跟我投诉："某某某又生气打人了，还把整个教室的课桌椅全部推倒，班主任叫我们先走。""动静这么大，可不可以避免？"带着这个疑问我事后与班主任进行交流。原来是学生得不到蚕宝宝开始情绪爆发，其他同学惊吓之下涌到讲台桌前求得班主任庇护，班主任安排几个学生值日，并把其他学生组队带下教学楼，折回来的过程中，教室冲突升级，全班桌椅遭殃，楼道尖叫声、呼喊声、求助声及来回穿梭的身影胶着一起。显然动荡的事态是可以在最低限度里发生，升级的原因在于冷落了情绪化的学生，导火线一直在燃烧，从未有停息的征兆，班主任第一时间是撤离了大部分的"珍品"——大部分学生可以安全离校了。可"火源"没有任何的干预措施，哪怕有个老师在一旁与其对话，可一切都没有。在教室里没成人监护的空档期，任何可能都会发生，后果失控，安全安在？我问老师，你为什么第一时间不去面对这个学生，安抚情绪，却带走了大批学生，而且还留下三五个打扫卫生的学生？得到的答案是：不让学校知道班级学生闹情绪的事情，自己能处理好。出发点是好的，可是没有找到矛盾的引爆点，让安全受到了威胁。

教育生活中，做每件事都有教育立场隐含其间，只要我们用心去发现，用心去融汇，日久必定会拿捏一个准度。"每个人心中都有一杆秤"，只要有了正确的教育立场，你的这杆秤就不会偏颇。

让日复一日的教育生活有意思起来

看到"日复一日"，常常会联想到"枯燥乏味""机械重复""不可终日"……不过"日复一日"又是自然的一种规律，日出日落，从来不以我们的意志所转移。只要时间存在，我们的明天总会遇上熟悉的面孔、熟悉的场景、熟悉的行动，社会规律不也都是如此吗？作为教师，日复一日地教学，如果你只是日复一日在"传单"——完成教科书上的知识传递任务，日复一日在"刷单"——完成各级组织交付给你的任务，是不是一点生趣都没有？万一，"传单"不到位，学生学不好，家长来投诉；万一，"刷单"没刷好，学校给脸色，业绩上不去……此时，是不是觉得自己特别得郁闷与悲催？

日复一日的自然规律，我们无法改变，可日复一日的社会规律，我们是不是可以做出点努力，多点积极的人为，求得向上一厘米的变化！就连点钞都有单指单张点钞法、单指多张点钞法、多指多张点钞法、扇面式点钞法等，再枯燥，只要学会创新，就能玩出名堂，何况是本身充满变数的教育工作。

人+人=N种可能，这就是教育的魅力所在。如果我们只记住教育工作的程序，那就是把教育对象——人——当作物的最好解释。是的，教育工作每天都有很多的重复性程序，如果你随着工作惯性进入了程序流，恭喜你，你暂时没有了工作的焦虑，因为你处于机械化状态。把人当物似的机械化操作，这是教育的悲催，也是我们坠入日复一日工程程序流的教育工作者的悲剧。你要知道，教育不可能容许这种情况的出现，教育最大的职能是把人类的文明延续并让人类创造新的文明。违背了这种职能，你想躺在安逸的程序流中过着日复一日的教育生活，只能是一种奢想。

那么，如何让我们的教育生活有意思起来呢？很简单，就是让学生有意思起来。我们自己塑造的对象达成了自己的预期，生活就变得有意思。而让学生有意思起来，最重要的是你的教育教学方式要有意思起来，你的教育教学内容要有意思起来。而只有创新才能把大家都一样的教学内容进行艺术化处理，让学生主动地去探究，才能让学生感受到日复一日的日子里有日复一日的变化，学习生活有意思了，学生就有意思了，学生有意思了，教师就有意思了，教师有意思了，教学方式就有意思了……形成良性循环，大家自然乐在其中。

创新，如果没有一个具体的抓手，它仅仅是一种概念而已。把概念转化为具体的行动，我给新时代的教师提出一点建议——角色转型。从"学科教师"转为"项目导师"，即从学科教学走向项目研学。其实，创新就是一种摆脱。传统教师长期在学科教学模式下成长起来，同时也长期受学科影响实施教学，学科犹如枷锁，把我们锁在深闺里。我们之所以对教育工作有日复一日之感，很大一部分跟我们一直按照学科的套路行走紧密相关。学科行为在教师的工作里占比最大、耗时最长、关系最紧，我们只有改变最需要改变之处，才能真正实现工作状态的改变。

学科是基础，学科是保障，但学科不是唯一依托，更不能以教科书替代学科。当前单学科重组、多学科整合、跨学科联建，都是一种教改新的趋势。按部就班地实施学科传统作业，已经不能适应新的工作要求。我们得尝试着改变，否则你既做着日复一日，又在无趣地消费着日复一日。

改变的第一步，就是基于学科的项目改良。比如单元重组教学、1+X联读等都可以去尝试。让学科教学不再成为一篇篇课文的"翻页笔"，而是建立在一种联结下的创生。教的路子变了，备课的方式也将发生变化，"单元规划+学习活动+分层作业"，我觉得就是不错的备课改革。当我们的改革有利于学的落地，教学就有意思起来了。

我们也可以尝试第二步改变：基于项目的学科优化。STEM课程教学、多学科整合教学、跨学科项目研究等都可以围绕项目用学科间的合力攻学。打开学科间的壁垒，融会贯通自然给你注入了创新的力量。

创新更大的领域是学习，有利于学习真正发生，有利于学习精彩纷呈，有利于学习高效运作，有利于学习合力共建……我们都可以做基于学习的项目创新。我们学校四年级段的一个项目——四（8）班，就很有创意。全校由于编制，一个段最多也就7个班，四年段出了一个8班，就是专门给不同班级的后进生做集中辅导，段里安排老师轮值，合力解决后20%学生的问题。

基于项目的学习改进，既是学生的福气，又是教师的福利。它能改变教师的思维模式，突破学科教学的藩篱。作为项目导师，不仅仅引进项目、创生项目，更重要的是重构与优化项目。就如引进"南拳"武术传统文化，如果仅仅用一套南拳打六年，必然缺少分层进阶意识，缺少教育目标结构的细化，缺少对学习规律的把握，缺少对儿童心理的理解。确切地说，这种是缺乏儿童立场的单边行为。假如把拳礼、母拳、五鸡拳、拳花、燕猫鸡拳及其两人对打分批分年级融进整体教学系统，就会更好地展示学生生长的姿态。

当项目与学科教学紧密联系在一起的时候，一学期下来，你就不觉得只是教了书、上了课，因为你有多个项目在思考与实践，由此带来的效应就是一个个项目的成果。可能一下子项目出不了成果，但策划实施的过程就是结构重塑的过程，会让你感觉自己不是因循守旧，而是推陈出新。教育工作可以不完美，但不可以不创新。这种感觉，会给你带来更多的启发。

建设学生需要的课程

讨论这个话题，首先要弄明白什么是"学生需要"。

学生喜欢，学生才需要。需要，既有当在的心理满足，又有获取未来幸福的蓄能；既有内在的个体关照，又有外在的时代赋能。课程建设应站在学生的立场、时代的高度、着眼长远。

首先，课程直接的经历者、受益者是学生，从学生需要出发构建课程，始终是课程建设的灵魂。对小学生而言，玩是他们的天性，偏形象思维，对新奇的世界充满了好奇心，注意力不能持久，长时间用一种方式学习容易疲软，学习怕负担……从这些角度考虑，我们的课程应该灵动十分。

其次，时代的需求是课程建设的方向标。为谁培养人？培养什么人？怎样培养人？我们必须站在时代的高度重新审视教育，并以课程形态物化意识。立德树人是教育的根本任务，核心素养是深化教育的关键因子，学习科学是教育迭代的新锐能量。让学生能更好地适应未来生活并长远地有质量地立足于社会，可能不是学生当在的需要，但确确实实是长大成人的需要。从这个角度思考，我们的课程应该厚实无比。

走在灵动与厚实之间，这样的课程当能满足"学生需要"。

内容上要兼顾基础与拓展。开齐开足国家课程是一项基础工程，但仅满足于此，只是踩牢了底线，满足不了不同地域不同学校的学生需求，我们得在"开好"上做文章。引进资源很重要，在温州私立第一实验学校工作时，与温州凯易路马术俱乐部比邻，那就拓建"马术"课程。到了温州大学城附属学校，半径两千米，尽享高校师资和场馆资源，我们就创生"大境脉课程"，让学习在更广阔的空间发生。显然所处位置不同，满足"学生需要"的形态就不同。"拓展"这条路径，让不同地区不同学校的学生就有不同的学习体验，这是满足全面而有个性的发展的需要。当然，"拓展"不是单列的与"基础"并行的两条轨道，更多的是融生。正如《浙江省教育厅关于深化义务教育课程改革的指导意见》中的课程建设意见：拓展性课程应涉及三级课程的所有学科和学习领域。我们可以在语文课上动刀，拿出一节专设"导读课"，塞入阅读硬核时空；拿出一节数学课拓展"思维"，灵动学生的心智……拓展，让课程更精彩。

驱动上要兼顾规划与自主。课程是有力量的，就像一个驱动器，科学合理的规划能确保驱动的力量呈正态高效运转。就如课外活动，单独由班主任来组织，解决体育教师编制不足问题，这是普通做法，结果课外活动被"吃掉"或成"放鸭课"。如果我们重新规划，一个段统一由体育老师上大课，班主任跟班，有如小型"大课间"，就能很好地解决上述问题。规划课程，它的目标与路径非常清晰，验证手段也非常熟悉，占学校课程的主体部分。可这类"官宣版"的课程太正统，太有规律，不来点调剂品，学生对课程难免会乏味。我们可以创设机会让学生自己玩。一种是让设施成为课程，比如设置棋艺区、星秀场、游乐园、泥巴墙、无人售货店等，学生置身其间就会自主发生教育。另一种是让信任成为课程，我们信任学生水平，就可以拜他们为师，他们就会积极去准备耐心指导我们。我们也可以迎接学生的各类挑战，也可以让学生组织学校的教师节、面具节、吉尼斯挑战赛等。学生自我组织的过程就是一个项目化学习，他们在积极投入的时候学习就已经被驱动。自主，也就给予了学生选择，这是满足"学生需要"的基本手段。

　　形式上要兼顾常态与变易。在教室学习是一种常态，把这个课程搬到露天下就是一种变易。比如连续几个月阴雨绵绵，忽然天晴，教师带学生走出教室"找春天"，学生肯定喜欢，这课肯定能带来"暗度陈仓"的效应。如果你把学生带出校园，走进大自然、社区场馆、高校学堂……甚至更远，来几场真正的"研学旅行"，全面发展、综合锤炼不是有了更多抵近"学生需要"的门路吗？要做到这一点，我们得把时间整一整，既有常速的课堂——35分钟，又有变速的课堂——15分钟、50分钟、70分钟、半天、一天，不同时速的课堂契合了不同课程的频率，贴近了学生的学习规律，也就满足了"学生需要"。平常我们的学生习惯了单学科课堂，一个老师带一班学生走完一节课。如果给予变化，开设基于真实问题解决的跨学科整合课程，项目化实施，那么学习素养就左右逢源地伸展开去。

　　如何寻找灵动与厚实之间的平衡点？真正尊重学生最为重要。当我们把学生置于课程的最中央的时候，"学生需要"将不可能只是美好的说辞。

透视"半边天"课程

我所在的学校有一个传统，就是每个三八妇女节全体女教师放假半天，工会专门为她们组织节庆活动。

前几年还好，班级数不多，男教师能顶下半边天，2021年开始不一样了，全校39个班级，78位女教师，22位男教师，仍照老规矩——难啊！学校讨论时，很多男行政人员提出把节庆活动放在周末，课照常，课堂大于天，我们不能糊弄课堂。说得太有道理了，如果我们把学生安排在教室里，播放大片，22位男教师全校布点巡视，形成"走廊管理格局"，也能挺过来。这样一来，满足了女教师，却忽悠了学生，得不偿失啊！

可男行政人员的"美意"女教师们无一呼应，当前教育工作节奏快，难得的周末老师们都喜欢陪陪家人。如何既让女教师们开心又让学生有收获？这个话题一下子成为我们讨论的焦点。只有满足学生，才能满意女教师们，解决问题的关键是——站在学生的角度设计"半边天"课程。做到这一点，我们也就没有了后顾之忧。

设计课程，大家必须弄明白课堂是什么？课堂不等于学科教学，只要有利于立德树人的，都是好课堂。平常我们都会考虑半天课程，都会尝试项目化学习，都舍得放弃一两天学科教学专门组织体育运动会……因为这些做法指向了"五育并举"、充实了立德树人、丰富了学习形态。

三八妇女节让女教师放假半天，背后的教育价值在哪里？这又是我们要讨论的话题。敬重不同群体，这是我们一辈子要去学习的。在女神的节日里腾出半天让她们看到自己的独特存在，这是多么美好。而这个美好需要让学生感知到，并且在参与中表达出自己对女性的敬重。"三八"的半天课程传统，必然会在学生身上播下种子。

弄明白了为什么要出发，接下来就是操作层面的事情。操作也必须站在学生的立场，尽最大可能为他们提供最好的成长大餐。

这次课程实施最紧张的资源就是人力，排兵布阵成了头等大事。考虑到低段学生较为活泼、自控力稍弱，一、二年级我们给他们每班配1位教师，13个班级13位教师。三至六年级安排级段大课，一个年级2人，1人上课，1人协助，共需8人。剩下1人身兼多职，带领保安巡视，还要负责摄影。

人员到位后，课程内容就是最为核心的部分。2021年是中国共产党成立100周年的神圣年份，我们可以借题发挥，三年级以革命对联为素材组织对联的启蒙教学，四年级以嘉兴红船为原型组织手工拼搭，五年级以红色电影为素材写观后感，六年级以国旗绘制为主题渗透五角星构图的数学知识。如果半天都这样，学生也会觉得太过辛苦，毕竟我们做任何事都要全面考虑学生的感受，尤其是小学生，我们还要考虑他们的注意力保持特点。三至六年级红色主题体验之后，我们可以给学生换一个学习频道——学做折纸、贺卡，放学后送给自己的妈妈或女性长辈，这就把情义知行融为一体了。一、二年级可以安排一节去学校农场体验，另一节跟全校学生一样——折花制卡。如此一来，我们就不用担心用半天的课程在忽悠学生了。

为了营造敬重女性的氛围，学校还可以把教育向家庭延伸，除了上文提及的送贺卡，还可以倡议放学的时候请爸爸、爷爷等男性亲人来校接送，清一色的男性会成为当天的一道风景线，留给学生一片独有的风光。

有一种纯净叫还你"半边天"，站在学生的角度思考，让女教师卸下平常撑起学校工作"半边天"的支架，轻松地去享受自己美好的节日。

带上"课"，走一"程"

　　课程，学生不懂。课堂，学生熟悉。课堂上，学习过程能见度高，就有效果，学生也有印象。如果能够带上"课"出去走上一"程"，学生的学习体验说不定会成为一辈子挥之不去的美好记忆，成为一辈子学习经历的谈资。

　　实现"'课'＋'程'"的优化组合，恰好研学旅行给出了回应。作为一种新的学习形态，既符合学习科学，又符合师生胃口，快速飞进"寻常百姓家"，全国上下都在探索。

　　要想让研学旅行的学习新态有效发生作用，促发学生的生机是设计核心："课"要有品质、"程"要有意思。

　　研学旅行不能坐而论道，应该带学生走出校门，到真实的情境中发生真实的学习。"程"，是展开式的。需要我们巧妙设计，搭好框架，体现环环相扣、程程进阶。我们学校开发三条研学旅行之路，不重叠与交叉。围绕核心主题，层层推进。

　　一条指向精神培育，我们称其为红色研学之路。主题为"毅行五公里·'榕'华中国梦"，通过"成长启梦""少年筑梦""'主席'圆梦"三个板块，在五公里的步行过程中，提供闯关式体验课程。

　　一条指向启智培育，我们称其为蓝色研学之路。主题为"国旗绘制·数感荣光"，通过"游学瑞安国旗馆""数学视角下的国旗星

140

位""参观平阳苏步青故居"三个板块，历经几十公里的车程，跨区体验。

另一条指向文创培育，我们称其为绿色研学之路。主题为"绿野仙踪·山水情怀"，通过"梅雨潭绿野诗话""池上楼谢公史话""朱自清故居沐心""江心屿山水文创"四个板块，以谢灵运、朱自清为人物线索，以山水诗歌为文化谱系，体验式学习创作，激发学生热爱诗歌、热爱山水、热爱家乡的情感。

不管怎样的研学旅行，最重要的还是"课"。当我们走进真实的学习空间，资源摆在那里，境脉鲜活存在，但如果想零干预地让学习自然发生，对于小学生而言实在有点困难。这种研学旅行无异于游山玩水、观光览胜，真正在心灵上留下底色的并不多。成批远行，留下的只是足迹，顶多撷几朵云彩，其性价比实在低得可怜。

研学旅行的"高性价比"离不开规划与设计，离不开"大课"与"小课"，"大课"要规划，"小课"要设计。

"大课"指整体行程内的学习规划。如"红色研学之路"，我们以温州三垟湿地习近平总书记榕树亲植园为目的地，让孩子们走路前行，五公里就是成长的课程。途中我们安排了五个关卡：牌坊前做"欢欢喜喜过陕西"——准备10分钟，扭秧歌或踩高跷或打腰鼓，听着音乐全班排成列行进10米；南仙桥前做"河北剪纸筑梦中国"——事先准备好A4大小"福"字，6个班级分别拼成"成长梦中国梦"6个字；荷花池板桥前做"第一个吃螃蟹的人"——学生逐个螃蟹（匍匐）爬行10米；竹林前做"绿水青山就是金山银山"——同伴两人胸夹"金山银山"（气球）在指压板上来回一趟；廊桥前做"永远跟党走"——敬礼党旗，走过廊桥。把陕西、河北、福建、浙江、上海虚拟体验了一遍。一体化结构，让学习不松散。

"小课"指单一站点的学习设计。相对集中、有一定专题，也显深刻，是对整体主题的点上强化与催生。再观"红丝研学之路"，我们设计三堂"小课"，一是出发前的"榕树研学课"——以学习小组为单位，到温州市区寻找有代表性的榕树，做成美篇；二是出发时的"感恩励志课"——齐唱《时间都去哪了》、齐诵《少年中国说》、毅行动员、击鼓出发；三是到站后的"十周岁成长礼"——浇注榕树、齐唱《国家》、亲子朗诵《我们十岁了》、校长寄语、寄信主席、成长宣言。后来我们又开发第四节"小课"——"为榕树量身高"，在数学世界里独特感受榕树之茂、荫庇之德。有了"小课"会让研学旅行整体体验更为丰满、印象更为深刻。

研学旅行，要行走，更要停靠。学生的生机的栖息地，就是学习的生发地。学校"蓝色研学之路"之所以能上"学习强国"，能上《浙江教育报》，在于走出去的"大课"，更在于停下来的"小课"。三节"小课"：一画——出发前给出主题，让学生尝试自由画；二画——进馆后参观曾联松绘制国旗原图照样画瓢；三画——浙江省特级教师陈加仓以数学的方式带领学生研究图案、绘制国旗。三节"小课"，学生受益匪浅。

五（2）班叶茂吉同学的体会是：每个五角星都有特殊的位置，我们只要找到它们的中心，就能确定它们的位置，然后分别以这5个中心点为圆心画圆。而且，每个五角星的尖角都是36°，相邻两个尖角的顶点和中心点的夹角是72°，利用角度关系，我们就可以在圆上确定五角星的五个尖角的顶点。就这样，一幅标准的国旗被我画好了！看着自己画的五星红旗，感到无比自豪！"五星红旗迎风飘扬，胜利歌声多么响亮……"歌声在我的脑海中回荡，让我们一起歌唱我们亲爱的祖国！

真切的体会源于"课"的深度体验。有"程"，开心；有"课"，踏实。有"大课"，丰富；有"小课"，深刻。研学旅行"'课'＋'程'"，就不仅仅是表面的如意，而是深层的会神。学生喜欢，而且是真正的喜欢。

七、扣准课堂，落地生本

关联"学""生" 激活课堂活性

"学生"一词别有风味儿，嚼一嚼，"学"与"生"原来黏着绝妙——这哥俩儿关系越好课堂越冒泡，思想咕噜，生命咕噜。活性课堂，就在学习与生命的密切关联。

前不久同一节课先后在两个班级执教，教学路径不同，教学效果迥异。细思其里，在于"学习"与"学生"的紧密性存在差异。

课例一，起始部分我以对联故事《"圣人"皇帝同学少年》引入，就其中"国之将亡必有，老而不死是为"一联引导学生认识脱靴格嵌字联：词语镶嵌在上下联语末尾的一种格式。随后介绍几副脱靴格嵌字联，让学生有所感知。教学的核心板块就是让学生操练，通过填充式、应对式、创编式练习，巩固认知。本以为这堂课大家能纷纷晒出精彩，实际上却是"万马齐喑"，反馈环节全班同学没有一个敢跟我对视，只是眼神飘忽地笔直坐着。课后随机问学生：什么是脱靴格？大多人还是一脸茫然。

究可哀！其哀莫大于心死！整堂课所学对联皆是古联，在立意上都远远高于学生，而且与学生的现实生活体验有一定的距离，那种"人"与"知"、"生"与"学"有股遥远的陌生感，想必这就是学生心思活络不起来的根本原因。

课例二，我大幅度调整了原有的教学路径，让孩子从体验入手。课始部分来个奇葩的开头：请学生集体脱鞋。这个指令在正规课堂简直是天方夜谭，他们一下子蒙了，手脚根本跟不上，还是我一而再再而三地催促——脱鞋。好不容易完成了，立马又叫同学穿鞋。还没等学生缓过神来，我随手在黑板上简笔勾勒出一个直立着的人形，问："刚才同学脱鞋穿鞋的部位在身体的哪个位置？"大家有说"足"，有说"脚"，有说"底"，有说"下"。我说对联就像人的两条腿，如果把嵌字的部位放在上下联的最后一个字，我们称为脱靴格对联，也叫束履格对联。这下子孩子们眼睛亮了许多。上两周茂吉同学过生日，潘老师课堂上即兴给他写了一副对联大家还记得吗？学生齐回应："生出盛茂，日醒元吉。"显然，学生们对同学身边发生的事记得特别牢。我说这是什么联格，学生回应齐刷刷："脱靴格。"看来集体脱鞋穿鞋体验有助于认知印象的加深。

接下来进入对对子游戏环节。

我要求学生根据同学名字填字，可谐音：行友爱；心怀（　　）。学生找到了芒傻同学，就找到了答案，一下子教室沸腾起来。

第二道增加难度，填俩字：唱腔柔（　　）；身段娉（　　）。小组讨论后，"婉婷"名字呼之即出。好玩！学生翘首以盼我抛出新的命题。

继而，我出下联求对：胸度广博。学生似乎渐渐找到了一点门路，先在尾字填上同学的名字——远，短暂地交流，有学生撷取校训的半句话来应对：志存高远。此时教室里掌声雷鸣。

接下来我干脆打乱文字：为、情、久、念、长、人、依、善、贴、心，让学生组编五字脱靴格对联。答案如下：①"为人善长念，贴心情久依"；②"人心长久念，善情为贴依"；③"情长人久念，心善为贴依"；④"情为人长念，善贴心久依"；⑤"为善人长念，贴心情久依"。很不错！大家都找到了"依念"同学的名字，并符合脱靴格嵌字规律，而且都能做到仄起平收，我给学生点了大大的赞。那么，到底哪一副最佳？学生根据对仗规律比较发现：②句中的"长久"与"为贴"，③句中的"人"与"为"，不对仗。从平仄角度看：①句中的"人"与"长"，④句中的"为"［wéi］与"长"，都是平声。评判理由很多，这里不一一赘述。学生们抓住关键，选第⑤句"为善人长念，贴心情久依"为最佳，知识已被活化。在集体吟诵中，又渗透了文明、和谐、友善的核心价值观。最让我开心的是小"依念"眼神在发光，想必我用传统对联的文艺形式丰富了她名字的内涵，或多或少会在其心田播下一颗温润善良的种子，或者点亮这颗本属于她的种子。

课堂的拓展部分就是让学生自由发挥，交流环节有个思维的进阶变化让我印象深刻：

A生借"木中正"一名创编："方方正正，上上中中。"名字是嵌进去了，可想表达什么？大家看不明白。

B生拟句："字必正，礼要中。"意思是"字一定要写端正，礼一定要得当适中"。言简意赅，值得品味。

C生补充："字必正"声同"自闭症"，不是很好听，而且三字都是仄声，读起来不舒服，建议改"必"为"须"。有理有据，有情有义，五年级的学生实在不容易。

我建议把改好的这副对联作为班训，大家热烈鼓掌。

在此基础上，我再通过对联故事《"圣人"皇帝同学少年》里的脱靴格对联"国之将亡必有，老而不死是为"，赏析品味，就把生态课堂往文化课堂又挺进了一步。

好课堂，当然是活课堂。课堂洋溢着生气，说教、机械、刻板、死气沉沉于此绝无生存空间。活课堂，必然生活在学生的经验世界里，而且在思维的提升中激活，在文化的境脉中生长。

一堂好课，心动了，行动自然跟上。

再"贫"的课也能有所收获

今年开春后第二周，学校所有课程进入轨道常态运作，社团活动开启了走班学习的第一课。作为书法指导老师，我早早地到了专用教室，开门推窗迎接来自不同班级的学生。陆陆续续进场的学生给了我一个措手不及，全班34位学生只有2位同学带来了文房四宝，这样的课可以说是"一贫如洗"，一下子打破了我的预设——临帖指导。

书法是一种技艺型课堂，多写多练是生长的基本生态。可开学第一课，在未明确学习内容之前，学生就把不明确当成既成事实，全然不顾上学期形成的基本习字要求，难得糊涂啊！面对一个个不带任何学具就进课堂的"空手到"，我成了断了线的风筝——没有抓手。总不能干巴巴让学生空对空，让"一贫如洗"的学生听我"贫嘴"到底？带着对学生和课堂的敬重，我开始嘀咕心思。既然控制不了局面，不如乘风而去，让这堂课脱离缰绳飞起来吧。自由，不论何时都是孩子们想得到的。

我乘学生做眼保健操的空当，对着字帖在黑板上用粉笔抠出了三个大大的空心字——"夫""山""功"。"学书法贵在眼到、手到、心到，今天大伙儿没带吃饭的家伙过来，都是'贫民'，但手头穷，心里绝对不能穷。眼前就是我们的福利，我们用抽签的方式选出同学来练眼力、磨手劲、开心智吧!"我边说边就地取材,用黑板吸铁石(纽扣型,表层有数字)随机组合数字,号码对上学号,就是幸运的挑战者。学生们没想到有这一出,老师还会变戏法,乐了,个个跃跃欲试。

抽签开始,第一轮任务:辨别黑板上三个字是欧体、颜体还是柳体?判断准确得1分,说出理由另加1分。学生们抢着回答:欧体笔画平整温和,颜体笔画粗细分明、身材魁梧,柳体不胖不瘦,笔画平整中带棱角。对第一轮挑战,好像学生没有花费多少周折,凭着自己的临帖经验表现出百分百的精准度。我逗孩子们说:"你们真会说,颜体像张豪家,柳体像孟阳海。"全班同学会意齐笑,班里被点到名的俩娃看看彼此身形,也都相对而笑。

"刚才大家扒出了仨字的祖师爷,真不错!接下来我抽第二批签,抽到的同学上台临写,跟我一样——抠出空心字。"又有三个学生上台来了。坐在底下的娃没有书写材料,只能干瞪眼。我看这个状态不行,90%的学生成了观众,说:"底下有带笔的同学,不论你带的是什么笔,都可以作为场外嘉宾现场书写,写得好同样加分。"话音刚落,张豪家来劲了,拿出即时贴忙着分发。虽然毛笔只有俩,但拿着铅笔、水笔在即时贴上划划动动,也是有点感觉的。

第三轮任务:请学生到点评台上临写作品。方式还是抽签,每个人随时都有可能亮相,谁都不敢开小差,认真琢磨黑板上的临字,并与我写的范字反复对比。抽到发言的学生意见并不是特别统一,叫了几个,有的说这个好,有的说那个好。这样问下去,既耗时间,又缺少针对性。大家的意见估计会相互干扰,影响最终结果。我当即做出决定,请同学们用手势表示,黑板上有三个字,认为第一个字好就用食指表示,认为第二个好就用"V"的手势表示,认为第三个好就用"OK"表示。一声令下,学生同一时间亮出判断手势。经统计,第一个"夫"

的支持者有9票，第二个"山"是0票，第三个"功"是25票。第三个"功"字作品压倒性地独占鳌头。

点评如果仅仅到这份上，那是隔靴搔痒，不及深里。我乘势追击："'功'字为什么有这么多的支持者？"小A说："笔画基本很像，平平整整。"我说："是不是书写者抓住了字的特征，不说别的，乍一看这字，就给人感觉范字与临字气质很像，味道差不多。"大家点点头。"大家可不可以成人之美，帮她改改，写得像孪生兄弟。"我助推一把，学生可来劲了。有的说，把"工"字旁的"｜"（竖）写得瘦一点；有的说，把"一"（提）写得斜一点；有的说，把"力"字的"丿"（撇）写得长一点……按照大家的意见我一一用红笔修改笔画，"功"字一下子精神许多。

如果说课上到这里就收场，这老师还不算"做生意"的高手。"做生意"，就是要在课堂里了解每个学生，懂得每个学生的需求。学生心里想什么，你有数了，肯定会去做，我当然也不例外。接下来的教学环节，我发出了"救救它吧"的学习指令：先救救"夫"字，让它挺起来。学生说："撇不要太弯。"我追问："是不是分两步动作写——先写竖再写撇？"学生点点头。"还有吗？""捺太短。"一位学生边说边上台动笔改，孩子们已经不满足于动嘴皮子功夫了。"同学们，第三个字'山'都没人理睬，它晚上肯定睡不着，我们好事做到底，让它也能睡个安稳觉好不好？否则山一样压在心头，难受啊！"这里不直接说书写者，而是替"山"字担忧，不论谁都能敞开心扉表达意见，得到保护的书写者当然也就没有负担地享受字的二次复活。孩子们就是热心，往常不吭声的小李也把手举得高高，我当然不放过这个机会，问她，她声音轻轻，哼了两声，觉得讲不清楚（实际上真的听不明白），干脆主动上台修改，最后在大家的七嘴八舌中，"山"字如泰山一样厚重地立在那里，那层分量，那股精神，明摆着。

最后请学生小结这节课有什么收获。有个学生说了一句最懂我——这字好玩，老师你更会玩。

其实，小学生天生就是玩的天使，开学第一节课不带笔墨纸砚，你说他们不懂吗？肯定不是，就是想偷懒。偷懒，也是好玩的。作为教师不要捅破孩子的这门心思，难得糊涂，小孩会，大人也要会。玩吗？那就顺水推舟跟他们玩一把。学生手头无货，对书法课而言，貌似"一贫如洗"，实质上，只要老师心中不"贫"，有着永远让学生探不完的精神宝库，那课堂肯定别有生趣。来自真实的课堂，由于没有预设，可能会收到意想不到的教学效果，或者是教育效果。我觉得这是作为富有教师应该得到的"赢利"。

一堂课，不仅落实了书法欣赏课的任务，同时是在玩中完成。欣赏课，不枯燥，少说教，靠的是充满着生活气息、童真情趣与"断线风筝"的自由自在。几轮抽签让临写、评议、修正甚至心育等学习活动设计"暗度陈仓"，这真的值得老师去做。

让课堂喘口气

跟大家探讨一个话题：课堂可不可以喘口气?

首先，回应的前提是需要不需要喘气。喘气，是生命的一种体征，是生命体的一种自我调剂，是负荷下平衡身体机能的本能反应。如果我们认可课堂就是生命，那就要有喘气。课堂是由师生互动、生生互动或学生与媒介发生关系并出现变化的组织，其中学生是基本要素。显然，课堂就是生命的栖息地，有学生就有课堂，有课堂就有生命，课堂是需要喘口气的。有人把学习比作爬坡，强调学习要有攀爬的感觉，要有层阶变化，由简单到深刻，螺旋上升。既是爬坡，哪有一直向上而不停下来喘口气的? 我们要尊重课堂的学习规律，小学生注意力是有时间节点的，一鼓作气的课堂，对很多专注力较弱的孩子而言，是一种单边的理想，只是教师的一厢情愿。心理学家观察、研究后，得到了下面的统计数据。小学生注意力的稳定性持续时间为：7—10岁约为15—20分钟，10—12岁约为25—30分钟，12岁以上能超过30分钟。如果我们的课堂过于追求"嵌入感"，讲究无缝对接，学生的思维是无法在一堂课都紧绷着的，绷着的课堂有违生命的阶段特性。

其次，我们思考一下，课堂给不给喘气? 家常课无可取证，每一堂课老师关起门来俨然就是国王，给不给喘气他们说了算。我们试从公开课入手，以所谓的种子课、样板课来剖析，看看引领者课堂的风向标——在喘气上他们是如何下功夫的。现举前段时间温州大学与台湾"清华大学"联办的小学数学与研究论坛为例，管窥一二，如有出入，权当旁门左道。那次活动，台湾教师上了4节课，每一节都是70分钟长课，教学任务不多，课堂容量不大，主要通过小组学习的方式完成一个个学习单，关注课堂学情实况，学生的解题成了全班学生反思的工具，舍得让学生自主发现、猜想推理、合作探究、总结归纳，教学进度稍慢，偏于基础保障，让每个孩子不掉队；大陆教师上了9节课，每一节都是40分钟，有一定教学任务，课堂容量较大，大部分通过教师调控课堂、引领学习，教学环节紧凑，教学设计逻辑严密，层次清晰，重视拓展，思维有张力，学习有爬坡的感觉，尖子生吃得饱，凸显单位时间的学习增量。对比两岸教学，各有长短，我们不必纠结于孰优孰劣。取长补短，融合发展，这本身就是两岸教学对话的初衷。印象中，台湾课堂迈小步、跳交谊舞——大家彼此合作悠着来；大陆课堂连环步、跳广场舞——大家紧紧相随着动起来。就喘气而言，台湾课堂慢悠悠的70分钟，好像用不了喘气，因为其本身就舒坦得很，自然呼吸；大陆课堂风风火火的40分钟，一直爬坡，而且有着严密的逻辑架构，大家担心一不留神就会分岔，少有心思喘气！由此可见，我们的教育是把课堂摆在了生命的高度，但生命的规律并没有完全在课堂上得以尊重。比如给学生在课上喘口气，要么不用喘，要么喘不得，虽然只是个例，是不是也值得我们思考？

至此，我们开始叩问起始的话题——课堂可不可以喘口气？课堂喘气的可能性在哪里？你千万不要窃喜，平常随意教学，就是喘气。错了！绝对错了！因为你没有让学生在课堂上爬坡，没有一定的学习增量，何须喘气？在一个平台上随意打转，停停歇歇，有的只是惰气，长时下去很多人会泄气。课堂要喘气，但绝不是苟延残喘。一要给课堂以生命活力，让每个学生参与到学习中来，感受学习的乐趣，并积极去表现；二要给课堂以生命张力，让每个学生不只停留在一个平面研习，学习设计要有坡度，让不同的学生有所收获，让他们有向上的能量付出；三要给课堂以生命原力，让每个学生的体能、智能行走在他们的最近发展区，不要拔高，不要图快，也不要悠悠然，尊重他们自然的学习力量，与其适性发展。小学生低段课堂有意安排课中操，就是这个道理。课堂，一味地慢不好，一味地快也不好，我们可以通过节奏适宜的教学，逻辑严密又有缓冲平台的增量学习设计，科学地给学生创设喘气的机会。有消耗，才有吸纳。喘气，是为了更好地下一口气。

在论坛上，有老师问："大陆与台湾的距离到底有多远？"大家诧异，此人了得，竟一下子就在命题中确定了台湾课堂的先进性！其实这是观念的偏差，对课堂生命的认识不够。不论是台湾的，还是大陆的，他们都爱生命，只是表现的方式不同，行走的路径差异，教学不是非此即彼，就教学的发展而言，双方都有提升的空间，都有相互借鉴之处。本次论坛让我们看到了教学融合的方向，意义非凡，它让我们重新审视课堂生命，引发我们的思考。只有看到生命，我们才能赋予课堂真正的生命意义——往前走的时候还得让学生喘口气。就如70分钟的课太长，分成两节课对小学生有益，我们不要过于慢条斯理，适当的学习节奏与进阶体验，是高效课堂的生命特性，我们既要看到长程的教育影响，也要把住短程的效益；在35分钟的课堂里，我们不要太赶，在思考的时候要让他们悠着点，有整个板块的小组合作学习时间，允许学生偶尔思想分个岔，也能跟上我们学习的进度。紧绷着神经的课堂，不一定是好课堂。

课堂最大的错误是没有错误

"今天课上得怎么样？"

"还好，比较顺。"

这是公开课或赛课后经常会听到的经典语录。

"顺"，没有疙瘩，课堂酣畅淋漓，一度以来属于大众的口味。走进课堂，面对不同禀赋与特质的学生，不蔓生枝节，顺顺当当下来，实属不易。能把个性迥异的学生一一罩住，曾经是优秀教师的一个表征，也是好课的第一感觉。大家在效仿的时候，努力让自己不在课堂上犯错，自然也极力不让学生在课堂上犯错。

老师不犯错可以理解，是对自己业务精益求精的持守，可学生在课堂学习中不犯错是不是暴露出新的问题？

不犯错，那得顺着老师的心意来。投其所好，是奴性课堂的沉疴。前段时间在三年级语文《剃头大师》的课上，有学生回答"受刑"的体验——经常被爸爸打，课后我问："你经常被爸爸打？！不说还真看不出来。"他难为情地嘟囔了一声："其实也不是，我也没怎么受过刑，看没人说，就说了。"你看，多么善解人意的孩子，这不是赤裸裸地给老师补台吗？学生努力揣摩符合老师心理的答案，而且不惜夸大甚至胡编，是为了不犯错，是为了老师的一声赞赏。课堂，不仅是教学的主阵地，更是育人的主渠道，立德树人离不开课堂的真实，让学生暴露自己真实的想法，并有这个勇气与习惯，才有所谓的教书育人。

不犯错，那得少发言，让所谓的尖子生撑起整个课堂。我们常常听到老师抱怨——学生发言不积极。这个锅得自己背，不能怨学生。从一年级的小手如云到六年级的稀稀落落，除了年龄大了持重几许，更重要的是他们犯不起错。犯了错，要么被批评，要么老师根本不予搭理，要么招来同伴的另眼……犯错的成本越来越大，发言的人当然也就日渐式微。

老师，你虽然没有把"不允许犯错"正儿八经地写进你的教条，但你不支持，就是不动声色的影响。错误，本身并不是什么光荣的事儿，但真实的错误却是教育教学最好的资源，它可以让我们洞悉学生真实的学习状态。有意义的学习肯定是站在学生原有的基础之上。如果我们不有意而为之，不去包容，甚至不去主动抓捕"错误"生成精彩，错误永远都是"咽进肚子里的苦水"。

不犯错，不等于学习不发生，但至少输了几分生气。学习应该有一股自然生发出来的气息，有求知的积极欲望。当学习来自学生的积极发现就有可能犯错，孩子的问题出不来，就很难知道他们思考的深度，是不是真正动用原有认知和经验处理新的学习信息。以接纳为主要学习类型的学生批判性思维较弱，而批判性思维又是未来核心素养不可或缺的。华东师范大学教育学部的袁振国教授如是说：因为批判性思维不仅本身是一种重要品质，而且是未来核心素养的基础。很多国家及国际组织普遍强调的未来核心素养都强调 4C，即批判性思维(Critical Thinking)、沟通能力(Communication)、创造性(Creativity)、合作(Collaboration)。良好的沟通是在相互理解和信任的基础上进行的，创新是以问题和挑战精神为前提的，合作需以有尊重和自尊为条件，而这些都是批判性思维的内在要素，它们相互依存，共同促进。如果我们的课堂把学生裹得严严实实的，抑或是把自己保护得妥妥帖帖的，不让学生犯错，也不理学生犯错，批判性思维的培育空间必然窄小许多，那我们的课堂学习也就少了几丝生气，多了几分腐鱼蠹木的气味。

让学习真正发生，首先必须"动"起来，最核心的就是让思维动起来。触动思维最好的引擎就是"交"错，跟真实性的课堂生成错误资源交朋友，并加以利用。

首先，要包容"错"的存在，并学会等待。学生出错，说明学习出现问题：可能是个例，是个人理解的瞬时"短路"，我们得耐心等待，时间有个自我修复的魔力，前一刻的错误可能在后一刻自我解决；也可能是局部问题，更应该等待，这个时候可以充分调用同伴互助的能量，让优秀的学生帮忙解决问题，是"同学"身份在课堂里最好的呈现；还可能是普遍问题，那更容不得你轻易放过，修复这类错误就等于修复了课堂学习的漏洞，此时让学生去讨论，这种学习肯定是大家需要的学习、真实的学习、必须的学习。

其次，要辨别"错"的价值，借梯登高。当学生表现的错误与教学重难点吻合，这就是最好的突围式学习，学生俨如困兽，必然会不遗余力地调用思维冲破认识的壁垒，我们要利用这个心力资源重锤"错"，从而撞击出思维的火花。比如我们教学《对联粘贴方法》，如果我们直接问对联怎么贴，或者呈现一副对联让学生辨别粘贴正误，学习也会发生，可这种"给任务"的学习，学生有个思考的心理准备期，思考状态下的对与错，不论是发言者，还是倾听者，都有个预期，都能接受，在学习心理上难有一个"初体验"的新奇感。这种预设，老师也很难碰触到学生的学习直觉。如果我们让学生直接读对联，那就有新的可能——读错。按照旧经验，现代文朗读顺序都是先左后右，学生一开口就有可能掉入"陷阱",我们与学生一起寻找正确的读法,从而明白粘贴的方法,就是帮这位犯错的学生爬出"陷阱"。脱困的路径不是问出来的,而是读出来的;解困的处位不是旁观者,而是身边的参与者。情趣与智慧在此融合,这种课堂自然生机盎然。

当然,我们也不能满足于等待"错误",只知道"借力",其实也是一种消极。我们要积极创设学生因学习而"犯错"的时机与可能,因错攻学,产生课堂学习最大的张力。设计教学方案的时候要敢于给自己设置"雷区",知道学生因你的设计会产生很多个性化认识,知道个性化认识会给你带来教学应对的挑战难度,知道挑战难度越高你越难拿捏住课堂的变数,但是你为了让学生的学习更显张力,不惜来一趟教学冒险,自设"雷区"——设计有层次的挑战学习任务,这样的课堂是一种炽烈的存在。思维跳动看得见,而且释放出温度。

要达成这种炽烈的课堂,绝不能单边思考。当新知体现一定的坡度,学生就有可能犯错。所谓"一定的",不是闭门造车的臆想,这要求我们充分地了解学情。从学生的起点出发,学习才会真实的发生;在学生的错点攻关,学习才会深入的发生。

我们的课堂不要做成绣花枕头。容许学生犯错,是民主课堂的根本。不犯错,课堂肯定是独裁者的天地。课堂,不需要独裁者。如果有,那是课堂最大的错误。错误是课堂最为宝贵的资源,规避了学生学习犯错的风险,充其量只是四平八稳的课,肯定不是放飞心智的好课。

课堂最大的错误是没有错误。

"生本课堂"藏在教学路径的微变化中

　　课堂有没有坚持生本，关键看你走什么路子。

　　课堂教学主要就三条路子：一"教路"，二"学路"，三"并路"。学路兴"生"，教路信"师"，并路取"义"。"义"，是教育教学的根本要义，是教育教学的价值与追求，是教育教学的原则与规律，要去理解与领悟、实践与转化，不是一天两天可以做到的，这需要一个长期的修炼过程。所以"并路教学"在教与学的相互作用上进行了最大努力的研究与实践，这个过程常常让人纠结，做着做着，教师中心就会被自然回归，教路开始成为我们教学的唯一路径，学路被堵塞。

　　改变这种教育教学过程中自我中心膨胀、学生中心流放的现象，是每位教师想要的，可效果并不理想，原因有很多，其中对学生的爱不纯净也不彻底，是最为致命的。说"以学生为中心"，却舍不得在"学"上花更多的时间。不是说他们不琢磨，只是说他们琢磨了一点点，看不出名堂来就放弃了深究与求助。我真少见过在常规教学中遇到一个教学问题能主动打电话问同事的。欲深，就要究；不究，何以深？平常教学我们不要轻易放弃自己觉得不顺的或者自己觉得太顺的设计。多去究一究，做点微变化。

　　我们来看一个课例——统编版四年级下册第一单元语文园地第一课

时，我眼前的这位老师是这么上的：

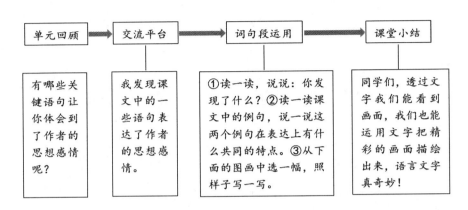

以"交流平台"和"词句段运用"两个板块展开教学设计，课始借回顾课文里的关键句和情感表达导入"交流平台"，课尾以"课堂小结"强调语言文字的奇妙，设计可谓中规中矩，没什么瑕疵。但正由于中规中矩，课堂上的每个教学步骤都是学生意料之中，缺少生趣，"生意"不足。

从教的角度看，没有瑕疵；从学的角度看，那就值得商榷了。最牢固的知识是彼此有关联的知识，关联越紧，牢固性越强。每一堂课教学重点要突出，所有的教学如果能够紧绕重点展开，那么重点就成了核心。这既有利于学生学，又有利于学生掌握。不要以为"园地"不行，它就是一题一题练习的。这是钻研不够，简单浏览，不做深究。"抓住关键语句，初步体会课文表达的思想感情。"这是本单元的语文阅读要素。我们的教学可以围绕"关键语句"，一抓二品。"交流平台"这个点的落实路径很清晰：例句品读、归纳方法——课文寻句、迁移方法——拓展练习、实践应用。上完这部分，如果直接教学"词句段运用"第1小题"词语的品析"，就给人断片感。为了保持学习的整体性，我们可以先组织学生学习第2小题"品句摹写"，当看图写句的时候，我们强调如何表达图意的根本特征。词语用得精准很重要，我们一起来看看第1小题的词语吧！此时让学生发现上下两行词语的特征并谈谈体会：

繁华　璀璨　高楼林立　车水马龙　灯火辉煌

肥沃　静谧　炊烟袅袅　依山傍水　鸡犬相间

在此基础上，再让学生用精准的词语生动地表达三幅图的意思，就水到渠成了。

坚持生本的课堂，绝不会把学生东拉西扯，能专一，最好。

在天地课堂中焕发生意

开学第一课，我从不上课本里的内容。我知道，学生就喜欢新鲜。上什么内容，不要让他们一猜就中。

这个学期第一天，我正愁着开学第一课如何新鲜出炉，一个学生给了我灵感。那是周一的早晨，这个学生一进校门就朝我走来，开心地说："潘校长，'山根古村'有很多对联，我都记下来了！"看他雀跃的样子，我也高兴！一来学生迷上了对联，二来给了我"第一课"的灵感——天地课堂近在咫尺，何不就地取材？

我开始了一趟说走就走的"旅行"，车程十分钟就到了山根。这处网红打卡点傍水而生，挨着河流两侧的民房错落有致，楼台亭榭，俨然就是一派江南水乡的格调。恰好是春季开学，有几户刚刚入住的人家门口新贴着春联。除去这新的，更让我欣喜的是古门台上的楹联，泥灰镂刻而成，苍劲有力。新老对联土生土长，就在学生的生活圈内。有兴致的抄了下来，但不一定懂。没在意的溜了过去，甚是可惜。我想，焕发生意的课堂一定有乡土味儿，讲学生身边的联语联事，准能令他们喜欢。

很难把学生一起带到山根来实地上课，我拍了联对照片，把古村落搬到课堂上。多媒体课件中呈现的一张张照片都是学生熟悉的画面，讲起课来就特别亲切、很有生气。

　　春节过后第一天上课，从春联入手顺理成章。我先给学生从功用上辨别"春满神州舒画卷；牛临华夏入诗篇"这副对联的种类，再品读春联的味道。

　　说到"春"的味道，引出物象：春风、春雨、春水、杨柳、梅花、紫燕等，并以"松竹梅岁寒三友；桃李杏春色一家"加以巩固。

　　说到"年"的味道，引出物象：当年生肖、干支、年份、时事、爆竹、红包等，并以"圆梦当催千里马；迎春只待一声雷"加以体悟。

　　说到"福"的味道，我呈现山根里的一副对联："民安国泰逢盛事；风调雨顺颂华年"。初步感受联意后，我开始要孩子们给这副对联找碴儿。小孩子最喜欢挑毛病，这下子孩子们又活跃起来了。最直觉的发现就是平仄不对，孩子们一眼洞穿，改为：国泰民安逢盛事；风调雨顺颂华年。我为孩子们点赞的同时又抖出一个包袱——还有一个别字。教室里一下子安静了许多，啄木鸟行动来不得半点分神。很快，孩子们发觉"盛事"应为"盛世"，一是"盛世"与下联的"华年"更为对仗，二是"盛世"与"国泰民安"更为匹配，在此歌颂祖国太平盛世、锦绣华年。

　　当学习来自学生的自主发现的时候，学生的多巴胺就超级活跃，兴奋不已。如果课到此为止，就少了古色古香的味道，古村落的虚拟文化之旅就单薄了许多。古村落少不了古门台，我翻页PPT，一座座古门台穿越到现场，沧桑岁月，厚重文化，唤醒崇尚，最后定格在镌有"礼门义路；智水仁山"的门台上。

　　首先是猜字，猜一猜、认一认"禮門義路"，依据"智水仁山"的对仗规律猜一猜，结合书法练习的基础猜一猜，过程中老师相机扶一扶，明确格律。

其次是解意，理一理、说一说这副对联的意思。提供素材让学生借鉴解读：上联"礼门义路"，语出《孟子·万章下》"夫义，路也；礼，门也。惟君子能由是路，出入是门也"。下联"智水仁山"，语出《论语·雍也》"知者乐水，仁者乐山"。经过讨论，学生自然明白主人寄托之意——知书达礼、宅心仁厚，这是君子之户，居家是君子，出入皆君子。

最后是溯源，比一比、品一品"智水仁山日日当前逞道体；礼门义路人人于此见天心"。一比，与原对联相比，山根门联为啥上下颠倒位置？巩固"仄起平收"的常识。二品，提供部分字义："道体"，道，指事理，规律，道义；道体，指道的本体，道的主旨。"逞"乃实现愿望，达到目的之意。"天心"，就是自然界及其发展变化的客观规律。通过交流，初步感知大意即可。再了解原作者，清朝诗人，曾任江西、江苏巡抚及吏部尚书的宋荦（luò），知道这是江西吉安白鹭洲书院联。

学习古对联，了解美好寓意后，我再给学生翻看古门台照片，有很多没有楹联，鼓励学生课后故地重游，根据古门台周边环境以及原主人的品位，收集"孝悌忠信礼义廉耻"的名言名句，也用摘录法尝试给古门台补壁。

课止，学不止。这就是研学、延学的妙谛，确保了课堂教学的生生不息。有生意的课堂绝不是照本宣科，它的内涵来自生活，更来自知识与生活的链接。学习离开情境，是很难真正发生学习的。我们不仅创造情境，更重要的是创造离学生心理距离、心智感知最为贴近的情境，情境越真实越好，关联越紧密越佳。这就确保了由"境"到"脉"的整体性感知与体验，最终以实践转化境脉的力量，境脉在天地课堂中得以葱郁生长、欣欣向荣。

怎奈期末课堂的惨淡

期末教学生态，有点久违的扭曲。有些人选择略过，可我还是按捺不住，不识趣地打破了这份"宁静"。

先来看看从网上搜索到的一张图，方少华老师画的，我配上了几行话（见图3-1）：

图3-1　童年

图意一目了然：从一个笼子走进了另一个笼子，两点一线是孩子们的成长轨迹，放学路上舍不得搁下那本教科书，途中没有风景，只有镜框前的黑白铅字与生硬冰冷的铁栅栏，一个少年老成的孩子背着沉重的书包马不停蹄地回"家"。

漫画夸张，但深刻。讲的不是常态，但某种侧面时刻在警醒着我们，特别容易被这幅漫画影射到的就是期末迎考阶段。

为了让每个学生考出满意的成绩，每个教师都很敬业尽责，免不了有一些教师被单式、地毯式地频频发起期末总攻。校园的"生态"开始在不同的侧面悄然发生了变化：一大早校园听不到朗朗的读书声，有的是收发作业卷子的沙沙声；教室里教师随堂的办公桌再也看不到教师挺拔的身影，埋头苦批的教师已经被高高叠起的各类作业练习本试卷给淹没了；课间的铃声也不再那么准点了，那根声控线已经悄悄地被拔掉了；每一堂课的"生动"早已是奢侈品了，学生们自个调侃——以不动治万动；午间校园自由地放飞成了大伙唯一的"呼吸"，因为静校的自主已被试卷或者老师的唾沫包裹，没有窒息，也会缺氧；好不容易到了放学，早早来校接娃的家长总是看不到准点成群结队出来的孩子，因为此时的教师还在整体辅导，一个不落；晚上回家，就跟上图一样，家成了笼子，因为有一堆的作业练习等着学生，爸妈的眼神不逊于"敌哨"……

林林总总，很多很多，这里所描述的不是一个人的一连串行为，也不是所有教师的普遍现象，只是一个人的某一侧面或几个侧面的集合。这类教师太投入了，以至于把教育的科学与艺术给暂时搁在一边了，尽职的教师开始把学生浸泡在复习的染缸里，挤占尽可能多的时间让学生抄抄抄、练练练、考考考，很少给学生"脱身"的机会。一切仿佛在一条生产流水线上，非常有序，是一种心无旁骛的执着与"安静"。可怕的是，有序一旦与埋头刷题搭上关系，那种杀伤力必然会波及开去，带来教学品质的集体沦陷。事实上，一些有觉悟的教师，一开始是不肯入流的，可没有办法啊！人家都这么拼，我还能淡定吗？多练总比不练好，信念的不坚定必然会带来一大批教师的"被妥协"。

教师很敬业，可拼了老命地去复习指导，把自己和学生的时空全部抵押出去了，超出彼此所能承受的额度时，你说校园里还能看到生机吗？"时空被超度，生气散九霄"，可以说，生气勃勃早已魂散九霄、灰飞烟灭。

每逢期末，我真舍不得打扰"认真"的教师，说实在的，这些教师都是称职的教师，都是有责任心的教师，是一批宁愿舍弃自己休息的时间也要把学生带上一个台阶，让每一个学生在复习阶段都有冲刺的感觉。正因为他们好，我还是要敲敲门，不论是不是打扰，惊醒接近梦游状态的一批教师。成绩很重要，不可否认，但走向成绩的路上有千万条。我们不要一味地苦干，教育的专业性更多地体现在巧干、能干上。要厘清考什么，怎么考，我的学生已经掌握的，尚未掌握的，哪些学生掌握了，哪些学生还有困难，不同的学生提升点在哪里，如何给出复习的节奏，如何提高答题的缜密性……多去研究这些，然后因材施教。复习就有意思起来，如此才会有更多时间去考虑复习阶段的身心调剂问题，才会考虑学科之间的优势互补问题。我想，此时的学校才是学校，否则，期末成绩是丢了老命抢回来的，那是"赔了夫人又折兵"。

"永远无法叫醒装睡的人"，庆幸我们的教师少有人装睡。

生命诚可贵，身心价更高。

时空有温度，生气腾九霄。

这个"腾"，是一种生机，是一种向上，是一种力量。这个"温"，不是肌肤相亲的温度，而是抵近每个学生心灵深处的温度。

最后，向勤勤恳恳工作的教师致敬，更向善教、乐学、能干的教师致敬。也请各个学校期末不要热衷于考试"军备战"，你要有自己的科学"考谱"，要有自己的"教育GDP"。让每个老师，因为科学而存在，因为艺术而优雅，因为情怀而热爱。

最后再次抱歉，是我忍不住敲了你的门。

一堂好课当从"学"而"生"

诸君翻阅至此，焕发生意的课堂是否给大伙带来一定的触动甚至共鸣？现在意图通过一节省级公开课例（《江苏教育研究》2021年"一堂好课"专栏开篇之作），以叙事的方式铺展焕发生意的课堂，供各位立体感知。

一接到去浙江台州三门上课的任务，我就寻思如何开启这趟联对启蒙之路？对象是三年级，零起点。联对起始课的惯用套路就是"探源头·说来历""找规律·明特征"，如果时间允许的话，再给学生找几副稀奇古怪的联对赏玩一番，乐上一乐。这也没什么错，饮水思源，循序渐进，教学一步一步来嘛。可我不走寻常路，这套路太老，老在思维的固化——以教定学、授知与学。我怎么教，你怎么学；知识怎么来，你就怎么学。我觉得这种教学一点"生趣"都没有。好的课堂绝对是学生感兴趣的"巴学园"，这里有自然的芬芳，人性的雨露，生活的味道。

一切从学而生，这是好课的真谛。学生的起点在哪里？不仅有知识的起点、能力的起点，还要有兴趣的起点、环境的起点。学生对什么感兴趣？不是完全陌生的，也不是非常熟悉的，而应当是半生不熟，似懂非懂，似曾相识的。这跟他们成长的环境关系密切，你远离他们的时空经验开展教学，味淡道浅。比如联对启蒙，你一开始就把联对当学习对象来讲，条分缕析，学习的人与学习的内容不是一个整体，是隔离的存在。我觉得人与学习的内容本身就是一部分的，尤其是对联这类传统文化，它本身就融化在民族的血脉中，渗透于我们生活的呼吸之间。脱离了学生成长的环境，脱离了学生的生活，联对是没有生命力的。

其实，既是传统文化，就有地方风味儿。既有地方风味，就可私人订制。私人订制，赋予传统文化的地方风味儿，这是我本次联对送教的"根"与"魂"，是我整堂课设计的"芯片"，课堂上始终不忘"私心"。

猜想——曝光原认知

上课前的一段时间，开业不久的杭州"台州府"酒家成网红，不为别的，就因所谓的一副"对联"饱含着浓浓的乡情。课的一开始我借花献佛：台州是个江南水乡，风景秀丽，人才辈出。这不有个台州籍老板就很有才，在杭州开了家酒楼，取名"台州府"，为了招揽生意，他与几个朋友合计了两句话——一江一桥三门临海；一岩一岭天仙玉环。挂在门口，生意一下子火爆起来，你们看出其中的奥妙了吗？这难不倒台州籍的三门学生，椒江、路桥、三门、临海、黄岩、温岭、天台、仙居、玉环，三位学生合力揭秘。

"不愧是土生土长的台州人，真是火眼金睛。有人说这两句话是一副对联，你们同意吗？"我话音刚落，学生们接二连三地点头，不住地喊："同意。"

"有没有不同意的？"

"没有。"

妈呀，这么肯定！这是孩子们的原认知，先充分曝光，暂且不与争论，让我继续问个究竟："知道什么是对联吗？"学生们都说知道，有学生还说得有鼻子有眼："在家门口见过，上面有一条，两边各有一条，门上还贴着一个。"这下子大家更加自信了——对联谁不知道！

感知——互动初体验

看着大伙自信满满的样子，我也不好说什么，顺藤摸瓜吧。

"大家知道得可真多！其实不仅生活中见过，我们一年级下册的语文书里就有，那篇课文叫《古对今》，我们一起来回忆一下，能背的闭上眼睛背一背。"

时隔两年多，我估摸学生大体记不全，真如所料，没两句就背不下去了。我早有准备，随即出示韵文：古对今，圆对方。严寒对酷暑，春暖对秋凉。晨对暮，雪对霜。和风对细雨，朝霞对夕阳。桃对李，柳对杨。莺歌对燕舞，鸟语对花香。

第一遍读，第二遍诵，第三遍拍着节奏齐诵。"旧相识"热乎起来了，开小火车，玩文字游戏，也就有了感知基础。我说"古"，学生对"今"；我说"圆"，学生对"方"；我说"杨"，学生对"柳"。厉害了，我一下子跑到最后一段，而且故意把前后词序做个颠倒。一个小小的插曲，一段短短的交流，让学生明白"柳"可以对"杨"，"杨"也可以对"柳"，它们两者都是相对。对联的第一个字就告诉我们"对"是相对。跳出韵文再对对看，大小、高低、胖瘦、黑白，课上师生互动不错，对答流畅，模模糊糊有了"相对"的感觉。

"刚才讲的都是跟我唱反调，都跟我讲反话，都跟我对着干，对联的'对'有一个特点就是跟你对着干。明白我的话吗？再跟我对对看。"我乘势追击。"甜"对"苦"，"凶"对"善"，我笑称："你们就是犟，还是跟我对着干。"其实，我是想得到"甜蜜""凶恶"的答案。"相对"不仅仅是"相反",还有一个意思就是"相近",怎么让学生自我发现,而且用儿童化的语言加以概括。我不动声色,继续抛出"一",求对。学生一下子蒙了,做思考状。

"一二三四的'一'。"

"蒙一个。"

还可以蒙!众生大笑。

"'一'是数词,你找个兄弟给它。"

"二。"

在我的鼓点急槌下,这娃蒙出来了,场上又是掌声一片,这是拨云见日的掌声。

"一"是数词,"二"也是数词,对得好。我接着抛出"红",学生一下子色彩斑斓起来——赤橙黄绿青蓝紫。学生明白了只要是颜色就可以相对,也就是"相对"不仅仅是"相反",还有"相近"——和你套近乎,跟你称兄道弟。儿童化的语言学生乐于接受。

接下来就是一场实战,我就地取材,把课堂里发生的、课堂里摆着的统统用起来,来一场联对的真枪实弹。比如教室里的"桌"和"椅"、"门"和"窗"……比如黑板上的横幅:杭州师范大学2019年省教育厅"百人千场"专家名师送教下乡(小学语文)活动,我说"百",学生对"千";我说"专家",学生对"名师"。找得还真快!大伙乐呵呵的,课堂内的所有资源都是学习的内容,"从学而生",学生喜欢,教师轻松,氛围惬意。

"我说俩字你说俩字,高水平。对联就是这么对的,我说一个字,你对一个字,我说两个字,你对两个字。再来对一次,来一个'灭火器'。"我看到教室前方角落里有这玩意,正好又是三个字,既不偏离原地盘的情境,又向学生渗透对联字数相等的基本特征,一举两得。

"消防栓""消防员",学生抢着说。

"哦,消防栓,还有消防员,感觉不错,好像很紧密。但是我们要一一匹配啊,火应该对——"

"水。"学生想都没想就迸出来了。

"我们经常喝水用的——"

"水龙头。"

"这个喝了会拉肚子,放开水的。"我不置可否,只是顺势。

"热水壶。"

"开水瓶。"

"浇花的时候我们还用的(做动作演示)——"

"喷水壶。"

一来一往,师生还算默契。虽然这没有说对对子,实际上已经发生。不露声色地引导,悄无声息地渗透,对联绝对没有因为自身岁数太大而与当今的学生有着代沟,学得一点都不干涩。

课堂走到这里,仅仅只是初步感知对联的"对","联"又是什么意思?我仍旧用好韵文《古对今》,一本万利,是我的课堂资源价值观。学生对"联"的第一感觉还是准的:联可能是一套的,一连下来的。我引导学生感知"晨对暮",都表示时间;"圆对方",都表示形状;"朝霞对夕阳",都表示自然现象。学生明白"联"是关联,表示关系紧密,互为联系。

初步感知对联的基本要义,是为了去繁就简,让学生用"组词法"理解对联,是认知的基本策略,会沉淀在人的知识结构里。可能时间久了,繁杂的东西会忘掉,简单的东西会永存。

感受——抓根本特征

课堂教学至此还仅仅是前奏，十分钟左右的热身仅仅是要义的初感知，特征的初体验才是课堂的重点。小学生喜欢听故事，故事就是最好的情境。通过故事情境让学生去感受，捕捉对联的根本特征，还是"从学而生"。

故事从纪晓岚巧对石先生开始：清代文学家、大学士纪晓岚自幼聪颖好学，人称铁齿铜牙。他的私塾老师石先生是个非常古板的老学究。一天，纪晓岚带了只家雀来上学，将家雀藏于墙洞内，堵上砖头，以防飞走。石先生发现后，便把家雀捏死，仍旧送回洞内用砖头堵好，并在墙上戏书一联：细羽家禽砖后死。说到这，我把事先写好的这幅字挂在黑板上，让学生齐读后问：当纪晓岚回头知道家雀死了，又看到石先生的这幅字，你们说他会怎么做？刚开始学生说打呗，讨论后又觉得那是野蛮的纪晓岚，不是铁齿铜牙、聪明机灵的纪晓岚。"肯定也写成这样的话反驳他。"这学生悟性不错，在特定的情境里一下子道破天机，看来前期教学铺垫酝酿得还不错。

这学生的话有如"开瓶器"发力，"酒气"一下子冒了出来。我不急着给他们喝，而是给足了"醒酒"的时间："这样哦，老师因为从温州过来，一路上颠簸，这几个字也打乱了——粗毛野兽石先生，我索性一个字一个字裁开，你们帮我整理整理。先小组讨论讨论，看看怎么摆。"

简短讨论后，学生个个跃跃欲试。"细"对"粗"、"羽"对"毛"、"家"对"野"、"禽"对"兽"、"砖"对"石"、"后"对"先"、"死"对"生"。有了课前的"相对论"，学生摆得正确，说得在理。这个效果来得强烈了点，但也在预料之中。我不直接把故事讲完，也不直接出示"下联"，就想在"抖包袱"中把学生直接丢进水池里，让他们自己游出来。自我尝试寻求解决并最终实现，这是深刻的学习。在一定的教学铺垫前，我们要相信学生，不要什么都是嚼烂了喂给他们。

"相对论"验证成功，只是字词的功夫，其立意不可轻描淡写，一笑而过，接上"联通"的信号，对联的妙趣就来了。

"纪晓岚话里有话，你看出来了没有？"我问。

"骂石先生是野兽。"学生喊着，为自己发现"新大陆"而高兴。

"是啊，石先生很生气，拿着教鞭去责问纪晓岚：你这不是骂我嘛？现在你是纪晓岚，会怎么回答。"角色替代，把学生带入故事的情境中。学生个个义愤填膺，想为纪晓岚打抱不平：

"您很生气吧，我只是把石先生比作粗毛野兽。"

"石先生您不是教我学对联吗？您把我小鸟弄死，那我就跟您对着干，所以我就写这个反话啊。"

这也太直接了吧，石先生正在气头上，小家伙们不是火上浇油吗？我说："能不能聪明点，讲得委婉一点，让石先生不知不觉就中招，让他无话可说。"

机灵的应上一句："石先生，您教我这么多对联，我今天也只是考考自己。"

我想这个"纪晓岚"能说会道、名副其实。光说不行，务必要带着学生吞吐对联的语言。在我的提醒下，"纪晓岚"们振振有词："我是按着先生教的所对。'细'对'粗'，'羽'对'毛'，'家'对'野'，'禽'对'兽'，'砖'对'石'，'后'对'先'，'死'对'生'。所以，我便写了'粗毛野兽石先生'，如果先生认为对仗不工整，那就请先生改一下吧！"

　　说得在理，石先生也只能哭笑不得。我选择这个故事，不仅是故事好玩，更重要的是故事中的这副对联刚好是绝配，浅显易懂，相对而出，相谐而生，对于零起点的学生首次接触对联非常合宜。同时也容易让学生自得对联的基本特征：字数对等、字词对应、内容相关。

联动——化语用入境

　　语用，是语言文字焕发生命力的根本途径。让学生爱语言文字，就要让学生去语用。语用的场境越大，脉络越紧，效果越好。场境大，是指语用的学习任务要有足够的思维操练时空，给时间要充分，给探究要自主，给语境要有张力。脉络紧，是指所操练的内容与学生关系紧密，最好是身边的素材，操练的形式要互动，讲究小组合作，明确分工，合力攻学。

　　上文我提及：既是传统文化，就有地方风味儿。既有地方风味，就可私人订制。为了给三门学生来个私人订制，我做足了功课。了解台州每个县市区的地方特色，并编写成简单的四字短语，有的是对联，有的不是，放到台州地图上，让学生判断。如图3-2：

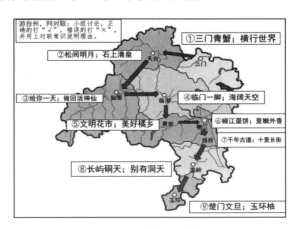

图3-2　游台州，判对联

　　课上，我安排四人为一小组，安置了序号牌，座位上放有牌子的

同学为组长，统一带领前后三个同学来学习，组长负责打"√"打
"×"，负责汇报，顺着组长顺时针方向的三位同学，第一位主要考虑
字数相等，第二位主要考虑词语相对，第三位主要考虑内容相关。好的
合作源于精细的分工，如此，人人有事做，处处可兼顾。判断的点越
多，判断的准确度就越高。我也不闲着，除了备咨询，还专门给自己设
计了一张学情统计表：

表3-2　学习小组对联预判情况一览

组别	①	②	③	④	⑤	⑥	⑦	⑧	⑨
	三门青蟹；横行世界	松间明月；石上清泉	给你一天；做回活神仙	临门一脚；海阔天空	文明花市；美好橘乡	椒江蛋饼；里嫩外香	千年古道；十里长街	长屿硐天；别有洞天	楚门文旦；玉环柚
1									
……									

　　竖着是组别，横着是题序。每个小组判断情况我都做个统计，以便
发现哪几副是学生共同的难点。

　　学习反馈也有讲究，一一顺序讨论校对，不仅耗时冗长，而且平
均用力缺少侧重点，另外同样的教学节奏，频段一拉长，学生兴致也
会消减。我将对联分三类，一是肯定错的，如"给你一天；做回活神
仙""楚门文旦；玉环柚"，原因学生一看就明白——字数不相等；
"三门青蟹；横行世界""临门一脚；海阔天空"，都是"三"跟
"横"、"一"跟"天"有问题，数词不相对。二是肯定对的，如"千
年古道；十里长街"、"文明花市；美好橘乡"，学生觉得几条特征都
对得上。三是有争议的，如"松间明月；石上清泉"，知道"上"是方
位词，"间"不好理解，我们现场互动，面对学生问："你和我中间隔
着什么？"学生答："桌子。"再问："也就是桌子在我们——"学生

再答："中间。"一下子学生就明白了"间"也是方位词，疑难迎刃而解。这也是我在学情调查时发现的共同难题。对"椒江蛋饼；里嫩外香"，他们也不敢拿主意，我引导学生不要单字对，用词语相对，更容易辨别，"椒江"是地名，"里嫩"不是地名，只是形容蛋饼口感。简单对话，授之以渔。"长屿硐天；别有洞天"，经过推敲，发现上下联同个位置"同字"，明白这不是相对，是重复。如果硬要说对联，那也不是好对联。对联的知识有很多，对于新手而言，特别是小学生，毋庸多言，但通过厘清，然后聚焦两三句着重理解，借题适当点拨，拓展点滴认识，这种火候恰好。

很多人上第一节启蒙课，根本不敢做这么大的拓展。担心题型过多、时空拉得过大，易放不易收。我偏偏不信这套，故意给自己设置"雷区"，硬要踩进去。我认为只有让学生跳一跳摘到苹果，学生的体验才是最为饱满的，也是最值得回味的。担心不必，关键是用心。给所学内容分分类，讲解的程度定定位，就不必束手束脚。

台州真是好地方，不仅历史悠久，人文荟萃，而且有好玩的、好吃的、好看的。我们学对联，还可以逛台州，我们在逛台州，又可以学对联，这是传统文化优越的福利。既是福利，还可以做大，再通过自创的对联夸夸"三门""黄岩"：三门青蟹名扬海内外无人不晓；一色黄橘声震天南北有谁未尝。当然也可以对三门学生赞上几句：春秋冬夏乐学勤练看谁人月宫折桂；德智体美雅艺博才见我辈天庭摘星。一下子从四字联跑到十三字联、十五字联，考验语感的时候到了，这么长的对联能读出节奏来，"对"与"联"的感觉就有了。课堂的感觉如我所愿，我得感谢三门学生的优秀。当我夸三门学生聪明可爱，定能飞天摘星、入宫折桂，学生个个笑逐颜开。私人订制，三门学生觉得自己真是般配。

回头——让学习可见

现在我们回头看看课始部分的猜想，当时学生个个确认"一江一桥三门临海；一岩一岭天仙玉环"是对联，而且都说自己见过，也知道什么是对联。仿佛看过了就认识。这是学生的第一感觉，我不去捅破，是与不是，学了自然晓得。让我感到欣慰的是，一堂课下来他们给出了自己的准确判断：

"一江一桥，一岩一岭，同个位置出现同样的字，这不是相对，是重复。"

"三门，天仙，三是数词，天是名词，不对，如果改成八仙还差不多。"

又是一次直觉，不过这次直觉来自学习过的认识，是一种知识的内化。不论是课始的猜想，还是现在的定案，都是源于学生自我经验、感悟、思考与判断，我们所能做的就是在最近发展区铺路搭桥。想到这，我故意跟学生开了个玩笑，把对联改成"铺江搭桥三门临海；攀岩越岭四脚朝天"如何？学生乍一听，觉得对得不错，都说好。不过让他们再看看，他们又笑开了，"三门临海""四脚朝天"没多大关系啊！不管怎么样，我请学生回去自己改一改，看看能不能整出对联，又含有台州九大县市区。学生当然跃跃欲试。

学习有没有真正发生，就冲着"一江一桥三门临海；一岩一岭天仙玉环"这两句话的判断结果神扭转可见一斑。对联的启蒙路径很多，但第一课我还是不敢轻率，课上得有没有味道决定了他们课后愿意不愿意去接触对联，第一课我的定位还是语用操练，让他们有味道地操练，紧密结合他们生长的环境、已有的经验展开操练。我积极去搜索台州资料、三门资料，根据地方特色创作对联，费了一点劲，伤了一点神，为的是"私人订制""从学而生"。这正如温州下吕浦"同仁堂"的店训一样——炮制虽繁必不敢省人工，品味虽贵必不敢减物力。我的课前努力，是为了学生课上有味。我把这堂课取名《联对入门 联通三门》，希望这堂课——"百人千场传薪火；三门四海送春风"。

上好课，有老师说，《古对今》还可以这么上，真想不到！其实我不是上《古对今》，我是借作品学对联。此时我想起《中国教师报》褚清源主编的一句话：让自己的人生具有作品感。是啊！课堂就是人生，我得精心投入。同时，我也验证了我对褚主编说的话：让自己的作品具有人生感。这堂课就是我的一段人生，也是学生的一段人生，课要有作品感，课后这段回忆录也要尽可能再现我的心路历程，而不仅仅像旧往的教学案例一样，只有"八股式"的教学实况和点评解说。我想，人生是有故事的，作品是讲故事的，用这样的形式写所谓的"教学实录"，来得更有风味儿。

八、调和关系，活化生本

重构时空关系：让每个学生拥有自己的席位

在诸多的教育关系户中，"时空"永远是无法摆脱的存在。当不同的人走进不同的时空，就会产生不同的感受，这就是影响在发生，也就是教育在发生。校园内的"时空"布置属于环境课程设计，是隐性课程，大家都很重视，很多学校精美装饰，常常给人高大上的视觉冲击。可真正去品味，却觉得陌生，不亲近，应该是过于精致的缘故。精致的布局、精致的作品、精致的人选……反而自缚了时空。重构时空关系，就要装下每个学生及其美妙时光。

舍得开放，把空间还给学生。校园空间本属于学生，但很多时候被成人的"善意"剥夺了。明明好好的一楼架空层，为了开辟新的学习殿堂，把通透封闭，分区隔层，配上射灯色带，宛若展馆，一旦出现雨雪酷热等情况学生就没有自由呼吸的大场地活动。成人的初衷是想打造一个美好的校园空间，可脱离了学生的心意，也就成了一厢情愿。要想避免事与愿违，就得多考虑学生，尊重每个学生，满足每个学生自我存在、自由身心的空间感。如是架空层，就要充分用好能遮风挡雨防晒的优势，不要图外在的美观，通过隔断追求曲径通幽之感，而要把留足大空间、保持通畅作为空间美化的基本前提。其实学校的空间很大部分是为学生的"动"服务的，孩子天生好动，提供动的空间就是提供爱的支持。通过"动"，学生可以与空间融为一体、身心一致，空间于此就有了亲近的感觉。把空间还给学生，就是要开放空间——动起来。我们不必担心丢书而把书统统馆藏，书香校园需要处处与好书邂逅，而且触手可及，这需要我们开放读书吧；我们不必担心棋子丢损而把棋具统统收起、定时出借，而要让学生有空就可以玩……就好像你设计了大理石写字台，却把毛笔锁在柜子里，这里的写字台就是摆设，而非学生把玩的艺术空间。校园位置不属于一个人，也不属于有些人，而是属于所有人。例子很多，舍得开放，学生才真正拥有自由独立的空间。

　　放飞自信，把展台交给学生。自信与否，可以透过各种表现洞见。也就是培育学生的自信需要给他们表现的载体与机会，在合理的规划下多多益善。我们要把展窗交给学生，让学生精彩的作品上墙，这是文创校园的基本标配。可能是基本标配不够华丽，有人在学生作品上加框加边、加面加里，这本无碍，可请广告设计公司用雪弗板、亚克力、KT板、写真贴、喷绘、灯箱、行架等来集体整容，学生的作品反而成了陪衬——一种美观的附属品，这种本末倒置的做法需要及时纠偏。把展窗交给学生是有学问的，做得好，激励所有人，做不好，耗损精气神。不让设计公司代办，不等于让所有学生一窝蜂全上。"让每个学生的作品上墙"，需要审辨理解。能够展示，是一种荣耀，是自己努力的结果，这种教育的价值需要我们共同去呵护。不分良莠，让每个学生的作品上墙，那是没有品位的教育行为。但也不能让能力不足的学生看着展窗兴叹，我们要给他们提供专属的空间，比如"私博馆"，学生可以把自己家藏的可观、可赏、有故事的私有物拿出来展示，采用一人一柜一锁一周期的形式确保藏品不丢失，而且这个展位是用自己平常各种积极表现得到的学分兑换来的，这就具有了"满足每个个体""确保作品水准""激励彼此奋进"的多重功能。把展台交出来，除了展窗，还要搭建舞台，尤其是面向每个个体的自主生长的舞台。"在舞台上给你留出一个位子",这是我们刻在多功能报告厅的一句话,指导着我们的组织行为。我们每周一的晨会由班级承办,要求人人上台;一年一度的体育运动会方阵进场,要求每个孩子上台,体育比赛除了竞技项目,还增添了各种个体、团体的趣味赛,不让一个孩子溜出比赛圈;开设农场,让每个学生都有一块自留地,解决的办法就是向周边的农民征地……我们努力在做的,就是实践"每一个舞台属于每一个人",只要你愿意,并为此付出。

存储时光,把回味留给学生。校园内的学生展品、藏品、作品常常是人生过客,你方唱罢我登台,轮回更替,周期很短。也就是时间能冲刷掉个体成长的足迹,留给学生的只是集体的"文化印象"。"以学生为中心"里的"学生"在此只是一个代名词,一个公共符号。缺失个体生命在校园文化长流中的印记,"以学生为中心"还只是泛化的概念。让每一个学生都能在校园文化里被唤醒,除了在空间上支持,还需要在时间上延续。曾记得香港星光大道有明星的塑像和手印,有些学校也仿效做法,在校园里安有荣誉生的塑像、手印、脚印,对大家都是一种激励,这种激励不会被时间遗忘。我们学校在一年级新生入学礼上给每个孩子做陶泥手印,并全部上墙,不仅在校的学生可以在自己的手印上丈量年轮,毕业后的学生也可以常回来寻找回味。一年级学生入队仪式上我们给每个班级分发一颗"时光胶囊",当天的许愿六年后打开,美好的憧憬用六年去酝酿,毕业典礼上打开胶囊的一刻就是成长的光影呢喃。除了面向每个学生,我们也让某一领域敏感的学生在母校存留记忆。如食堂的"童心食代"、石拱桥的"童渡"、农场的"罗山小耕园"、创客馆的"N次方"等命名都出自学生之手,就连每个景观石头上的题字都由学生来书写。这类学生展品具有个性化的辨识,是文化的一角,它存储了时光,也延续了生命。

重构学习关系：让每个学生凸显自己的本位

说起学习关系，最直觉的反应是"师与生""教与学"，的确，我们的校园学习生活也是这么发生关系的。由教到学仍然是主流样态，老师习惯于安排，学生习惯于被安排。实际上，在学习中每个个体才是学习的主体，只有他们对学习的主动需求被激活，学习就渗进了自我意识，成了"我要学"。当我们为之努力并积极去打破现有的格局，甚至翻转颠覆，重构学习关系就发生了，也确实发出新的不一般的影响力。

颠覆师生，让身份驱动学习。师生关系不应局限于传统的身份，教师不是职位的专属，学高为师，只要学生有一技之长，或者比你更早接触到新的领域，或者有着更为敏感的善良和行为……出新出萃就可以拥有教师的身份。就如陶行知的"小先生"：先过那一种生活的便是那一种生活的先生。借"先生"力量驱动学习，关键是让小孩子先过了这种生活，又肯教导前辈和同辈的人去过同样的生活。其运作策略常用的是班级里强弱组合，或者是学段里的学长结对，但交流的范围比较小，影响面不大。为了在全校营造这种"学高为师"的氛围，我们要积极"开疆拓土"。一种是让小老师登上授课大舞台，比如在更大场合搭建"小数学家讲坛""小文学家讲坛""小科学家讲坛"

等各种小讲坛，而且是开放的小讲坛，每一期由学生自主申报"小老师"任务，每周定时举办活动。把每一个讲坛托起来，让孩子们来站台。另一种是让老师拜学生为师，不同的教师可以选各自不同的领域向全校学生发出"拜师函"，对报名者进行初选，再由小老师拟定教学计划，"真老师"化身"老学生"，认真求学，在学习受益的过程中"老学生"还要巧妙引导"小老师"组织教学材料、准确表达教学意图、共同解决教学难题……以此助推"小老师"的学习品质养成，最后师生同台展示学习成果，给"小老师"一定的奖励。为了鼓励学生自信地站出来积极参与，还可以发挥"校长"的力量。校长，既是职位，又是德育的力量，学生对校长的敬仰是自然的，一般情况下学生都喜欢得到校长的关注与肯定，如果可以让校长从圣坛上走下来，亲近学生，与学生"同学"，甚至拜学生为师，学生的"C位"感受一定会有别样的体验。学生挑战校长，校长拜师学生，教与学的勇气必然伴随终身，勇气会唤醒我们自己。

翻转方式，让自主驱动学习。常见的学习方式，大抵是学生在老师的指导下按照一定的学习目标完成，有一定的学习流程与规范，学习更多的是"被计划""被设计"。能不能找到一些机制形态让学生能够拥有自主学习的机会？如果有，这种机制形态肯定是尊重学生的学情，有学生自主学习的土壤，肯定能及时回应学生随时冒泡的问题，可以为问题的解决提供支持。课堂上，我们让学生先学后教，让学生从教室走出校门，让学生从学科走向项目，我们让学生从单一走向综合……都在做学习自主性改良的努力。课堂外，也是一个特大的空间。课堂保障自主，课外拓展自主。离开课堂，自主只是花絮；失去课外，自主无以为继。以下几种探索就是课外翻转学习方式的有力尝试：真人图书馆——提供智力支持，集中优秀的家长、社区人力资源供有需要的学生像借书一样借真人指导，解决项目化学习问题，寻求支持与帮助；家庭实验室——提供环境支持，在家里独辟一角，摆上实验器具，供学生自主研究；整理课——提供结构支持，打破单学科教师单挑课堂的局面，多学科教师齐进课堂，提供自学导航，不做教学，为自主整理学业的学生答疑解困。自主可以规划，只要我们提供一定的支持。

广开门路，让任务驱动学习。课堂是正式学习的常规形态，但不是唯一形态。在现代社会信息交互随时随处发生，最有价值的学习常常是偶然发生的，有数据说明，没有严密组织下的非正式学习，现至少已占组织内学习行为的75%。显然，广开门路让学生不囿于"正式规程"，往往会获取意想不到的学习效果。我们可以抓住每一个"偶然"的机会，在"偶然"当中第一时间想到"必然"，想到我们的学生，把他们拉到"偶然"的学习场域中。学校里往往有许多"来路"——有很多考察团、慰问团来访，基本上都是随机的，我们要让学生来当导游来解说。如果有条件，即使遇上外国友人，也尽量不要请英语老师翻译。这既是天然的语言操练，也是减少语言二传手的高效率对话形式。学校也有一些"出路"——让学生走出去体验活动，很多公众人物都是我们的老师。比如采访，去世界温州人大会、世青会、文博会等，你得考虑如何与采访对象交流，交流什么你得事先做好充分准备，现场采访你得抓住关键时段、关键地点与关键人物，伺机而动，这既要勇气，又要智慧。当你和科学家、市委书记、明星对话，学习就发生了。学校的非正式学习还体现在一些"支岔路"上，也就是在既定规程的活动中插梗一段，让学生凸显出来。我们常见的讲座，基本上都是教师讲学生听，我喜欢插梗。比如院士讲坛，院士来校为学生开讲坛，机会难得，你讲我听，肯定不是最大性价比。我们事先让学生考虑送什么自制礼物，然后确定对象创作，讲座完了给院士送上，孩子的自制礼物如珍珠，院士都喜欢。听好了报告安排学生代表提问，又是学习。学校公众号上我们可以设立一些栏目，弄几期精彩的活动当诱饵，让学生"自投罗网"，也是非常好的凸显学生主体的路子。

重构组织关系：让每个学生树立自己的地位

与学生关系密切的组织一般都是班集体、大队部，学生基本上是在班干部、大队委的岗位上锻炼自己的管理与组织能力。对全校学生而言，受益面很窄。本着"人人有事做，事事有人做"的原则，班级管理的组织形式开始了改变，人人都是班干部，灯长、桌长、水长、电长、杯长等的出现，丰富了职能，打破了优秀生任班干部的一统格局。大队部也从大队委员扩编管理队伍，增编了辅助员，在一定程度上惠及了更多的学生，让更多的学生有所锻炼。但组织关系、组织形态还比较单一，欲图在更大的范畴提升学生"当家做主"的小主人翁地位，需要重构组织关系。

机构健全，让学生主体重重保障。保障学生的主体地位需要一定的组织机构给予支持，多几个学生服务机构，多几重学生中心保障。我们要积极去寻找班干部、大队委之外的组织，这几年在学校一级成立的少工委就非常好，学校党政领导、大中队辅导员、志愿辅导员（如"五老"，部队、社区中热爱少先队和少年儿童教育的党、团员及优秀人士）、家长代表和少先队员代表等都能参与进来，必然会弥补大中队辅导员力不能及的短板。尤其在其岗位设置上我们还可以设置"生音代言人"，是老师中的学生代表。平常时间学生有什么意见，不用担心找不到代言人，找到这个老师就找到了依靠。当然学生的诉求与意见还可以通过少代会传递，在少代会的组织上要长期坚守，以学生提案为基础，鼓励学生积极提案，学校要做出积极回应，最大可能满足学生的提议。提案的认可与落实，就是对学生主体协同治校的最好体现。少工委是在组织上给予学生关怀，少代会是学生表达诉求与意愿的平台，学生有权益受损的，对彼此协调不满意的，如何解决？成立"学生维权中心"是不错的办法。学生的问题学生解决，学生的权益学生来维权，这样就在一定程度上避免了家长参与到学生之间、师生之间的"暂时性不解"中来，也有利于学生的主体地位和家校的和谐共处。

组织放权，让学生主体层层关照。学校绝不是学生学习活动体验的唯一主办方。学生主体体验，单靠学校层面组织是远远不够的。只有放权，把活动组织权交给不同层级单位，学生才能有更多的机会发现自我、表现自我。学校要鼓励年段组织学生活动，可以在期初就让各年段上报各自组织项目，学校给予一定的财力物力人力支持。拿期末评价来说，以年段为主的评价是一种常态，同龄同学同测，有很多可比性，在横向上有利于彼此映衬。很多学校会把期末测评形式、内容、标准让年段去整体规划，而规划的时候又请学生来听证会，如闯关式的"游考"，考评形式让学生参与进来讨论。各个学校注重过程性评价，有很多"学币"，或者"学分"，学生积累了一个学期，如何把这些"积分卡"转换出新能量，交给年段安排，就有可能出现"成长嘉年华"之类的活动，学生在本段的各个教室里游逛，用"积分卡"兑换不同的礼物。物超所值，很多礼物物美价廉，而且都是凭学生的学分挣得。今天的兑换，就是明天的期待。他们会进一步努力，为下个学期的"嘉年华"做好储备。除了年段组织，还可以安排班级组织。学校可为学生设计"百姓舞台"，举办权交给班级，在每周一定的时段展示。这样，一个学期下来，人人都有上台的机会。如果学校有意放权，精心设计，学生小组与个人都可以组织活动。比如儿童节举办"双胞胎节"——两个学生就可以事先约定服饰打扮、会面时间、进校模式、领奖方式等；举办"伙伴节"——三五成群的学生就可以模仿读物里的角色抱团出现，整个过程都是他们自行组织参与。如有个人提出某项活动的比赛方案，只要基本明确，我们都可以支持。显然，举办活动主体的多重性、多样性能给学生不同体验和锻炼。

管理智能，让学生主体环环相扣。学生参与学校管理，手段越便捷，可操作性越强，学生越容易把握，主体行使职能也就越到位。光盘行动就是个例子。刚开始用纸笔登记，后来用触摸屏一体机登记，最后改为刷脸系统，谁光盘，脸一刷就登记，并及时传送到班主任手机上，前后变化，在于效能革命，智能化的介入，既高效又精准及时。学生行规管理也可以智能化管理，学生管理人员每人配一只智能手机，安装好软件，不能随意上网，不能玩游戏，只能在特定的App里操作评价软件，可以加分、扣分，刷脸识别，及时报送班主任和大队部。这样就避免了违规学生虚报名字班级，也不会出现评分单乱窜、浪费纸张、丢失等现象。以"值周班"为单位，每个学生都可以履行管理职责，精准及时的评价反馈会给他们带来自信。其他重要的场馆都可以用智能化方式管理，学生能更为便捷处理数据、应用数据，从而在学生治理中有力促进学校育人目标的达成。如图书馆，刷脸进出，时长统计，在电子阅读库答题出馆，系统相应给出阅读分值；在体育馆，除了刷脸身份认证，时长统计，还有心率前后比对，系统相应给出健身分值；如此等等，学生自主积累的学分可以转换为兑换值，学校可以在公共场所设置"无人售货机"，学生可以在规定的时段用刷脸付学分的形式购物，可以是午后点心，可以是矿泉水，也可以是书籍文具之类。这样就形成环环相扣的"创学分""管学分""花学分""再创学分"的流程，营造出全员全程全方面的自主成长环境。

家长资源助力项目化学习

随着时代的繁荣、科学的进步、教育的发展，"如何让学习真正发生"已成为大家共同关注的话题，同时也见之于实实在在的一些变革，其中学习素养视角下的项目化学习在深度学习领域改革占有突出的地位。2019年1月2日，上海市教育科学研究院普通教育研究所课程与教学研究室主任夏雪梅就以《2019基础教育风向标：项目化学习》为题在《中国教育报》上发文，风向十分明朗，越来越多的人认识到了高阶学习驱动低阶学习的价值。

要从认识走向行动，要把热度转化为真正的持久度和深刻度，需要心智与心力并存。"当前，大多数教师和学校对于项目化学习的理解较为浅显。他们或许进行了一些小规模的尝试，但只有真正进入到完整的项目化学习中，才会发现项目化学习对空间、图书馆、信息技术、艺术学科的资源配置要求都很高。"夏雪梅主任在该文中对教学现状的客观分析，切中根本——进入项目化学习的深水区，离不开资源的合理调配与充分利用。

学校之外，最好的资源莫过于家长与所在社区。社会资本是内在于家庭和社区组织中的整套资源。美国社会学家科尔曼指出："通过加强学校、家庭和社区之间的联系和沟通，可增加社会资本，可以增强教育效果，促进学生的发展。"家校合作、社区联建，是新时代教育突围的重中之重。但共建形态不止于家长义工、公益讲坛、社区舞台等活动类项目，也不止于成人主导式的家长进课堂，其共建应该往深度学习再挺进一步，为学生的学习需要而存在。也就是在学生学习有需要的时候，他们能便捷地寻找到进一步学习的支撑点。

真人图书馆（Living Library）就是在这种情形下产生的。所谓真人图书馆，就是在常规图书馆借阅机制下让学生像借阅图书一样借阅真人。这种阅读理念，是通过读者"借"一个活生生的人交谈，获得更多的见识的活动。理念源于2000年的丹麦哥本哈根，我国在2008年才开始由上海交通大学首次尝试，大多在高校组织。在基础教育界，在学习服务领域，国内外鲜有具体做法。

2019年下半年，我们学校开始了基于家长（社区）资源开发与转化的项目化学习研究，从原有的"家长进课堂"、每个学期一周的"家学周"到现在的"家学俱乐部""真人图书馆"，走出了一条从散装到集装、从浅层到深度、从成人供给到学生自助的家学资源改良升级的转化之路。

化用"真人图书馆"运作机制，让项目化学习找到了新的更大的支撑点。

首先要抓住"真人图书馆"的基本要素：一、运作的方式是借阅，供借阅的资源要有一定的储备量，有近似书目的供学生检索借阅的助学菜单，还要有一定的借还期限；二、借阅的对象是真人，是真实世界的人，在约定的地点面对面，也可以通过网络、电话咨询、聆听、对话。

其次要拓展"真人图书馆"的功用形态：一、辅之以导学的功能，被借对象要发挥自身优势，根据学生借智借力的核心任务做出细致周密有针对性地指导，充分体现在导引下的学生自主学习过程。二、辅之以助教的功能，被借对象配合项目化学习小组的学校导师做好辅助教学，也可以根据学校的要求，在学校统一指定的时间（如家学周）内来校组织学生完成项目化学习任务。

与原初丹麦版的"真人图书馆"相较，家学版的"真人图书馆"更多地赋予"学"的意义。真正的学习绝不是被动地接受所能透彻体会的，它必须唤起学习者主动学习的需要，敢于挑战，面对挑战性学习任务有攻播的兴奋感和持久抗衡的韧劲，遇上学习瓶颈有求助突围的强烈欲望。而此时，家学版的"真人图书馆"就为这类学生提供了自助式菜单学习服务，很好地体现了"不愤不启、不悱不发"的学习规律。

图3-3是家学版"真人图书馆"运作流程：

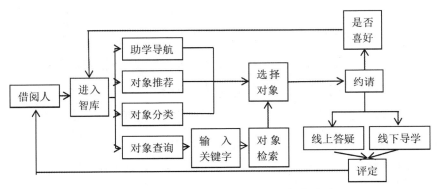

图3-3　家学版"真人图书馆"运作流程图

为了便于学生找到项目化学习的智力支撑，也便于检索和评价学生的项目化完成情况，了解"真人"智力扶持的力度，也更好地为学校统筹跟进管理，真正发挥"真人图书馆"导与学的效能，我们需成立"家学智库"，即"真人图书馆"网络借阅平台，学生凭账号和密码登录智库。选择"真人导师对象"有两个维度四条路径：维度一"导索"——"助学导航"，特意为项目化学习刚刚起步的低段学生和能力偏弱或者因学习难度偏高、不明朗借阅对象的学生设立，进入这个窗口，学生需提供项目化学习方案，提出意向求助领域，学科老师帮忙初审方案，告知学习者可选择的校外导师对象；维度二"自索"，供有能力的学生自主检索求助，可以从"对象推荐""对象分类""对象查询"三个窗口任选其一进入选择求助对象。选定对象后就要发出约请，有两种学习形态供选择，简单的可以线上答疑，复杂的可以线下导学。线下导学地点统一安排在学校，时间段安排在中午静校时间或者下午"四点钟学校"。求学与助学双方最后都要给出评价，学生给出喜好认定，方便下次便捷求索，"真人导师"对学生学习表现情况给出评定，以激励为主，可更好地让其投入项目化学习。

"真人图书馆"组建与实施的整个过程需要注意以下几点：

其一，要激发学生与导师团的积极性。刚开始启动阶段，我们可以通过项目活动开始，然后慢慢地向深度规范的基于学习素养的项目化学习过渡。有了学习的成功体验，尤其是在导师的指导下体验到成功，那种感觉会促使学生不断去合作探究。项目化学习积分可以与学校的"学分银行"挂钩，通过学分转化机制，不断让学生感受到"小确幸"。导师团也是如此，主要的力量来自家长，我们要通过各种家长学习会，各种沟通方式，与家长达成共识，孩子需要家校共育，学校需要家长合筑。当然也要通过"义教分值"转化机制，让无私奉献的家长感到满满的存在感。比如我们通过成立首席导师团、建立"馆长日"、评出最可爱的"泉妈川爸"、在微信公众号专设"义教家师"、赠阅图书、假日研学特邀嘉宾等方式来激励家长参与。

其二，要循序渐进地实现转型发展。做任何事都很难一步到位，做"真人图书馆"，是一种基于"学为中心"的理念，我们无须等家长资源全部摸排清楚、等借阅网络平台建设齐备才能做。某种角度"真人图书馆"需要有一个支撑组织的雏形搭构。如成立家学俱乐部，把工程类、才艺类、运动类、财商类、数理类、文学类、心理类、劳动类、公益类等有擅长的家长先集中一块，让他们自由报名，定时定点来学校指导，实现归类定向学习援助。如此一来，家长也认可，因为自己专长的领域自然自信，同时又可以结交很多"同个尺码的人"，远远超过平常学校临时约请的义工感受，不熟悉、突发，家长常常是勉为其难。在这种组织的基础上再做"真人图书馆"，也就水到渠成了。

其三，要积极开发拓建家学资源库。对家长要做好全面的了解，很多领域很小，没有用到的时候，仿佛这"小"真的微不足道，但在项目化学习过程中，往往是真实情境下的产物，学习过程中遇上的问题有很多可能性，并不是老师能够悉数解决的，如果我们做了深入的摸底，不仅了解家长本人的"导学"能力，还了解其拥有的学习资源，只要有助于学习突破，可能不是这位家长本人指导，但有了他的资源，或者有了他的亲戚朋友友情赞助，学习的问题迎刃而解，这也是很好的资源。所以，资源不论大小，直接的还是间接的，都得去了解，去构建。真正的学习，不是知道结果去验证，更多的是解决真问题。有了"博大"＋"小微"的组合，这个智库更有价值。家长在"真人图书馆"的拓建过程中是主力军，但不是独立团，我们还要向社区延伸，比如我们学校处于温州大学城，周边四所高校高大上的场馆、精博深的学者都是我们的学习资源，我们通过建立实践基地的形式赢得高校的支持，引资蓄能，共建"真人图书馆"。

其四，建立学习小组的双导师制。项目化学习要通过学生成立学习小组抱团实现，不要孤军作战。导师也是如此，千万不要收揽一些资源、建立一个网站就完事。全盘交托给学生自主和家长自觉，那是不现实的，也是不科学的。每个项目组我们都要有学校的导师，让他负责项目的初审、过程的质控、结果的终审。家长或者公益指导者只是辅助，再积极的"真人导师"其背后也要有一个学校的心灵伙伴。

"真人图书馆",我们不把它当作文化消遣的工具,而是化用其"借人"精髓,在借智借力上做文章,通过与真人面对面实现学习的诸多可能,让"真人图书馆"成为学生学习的良师益友。

有容乃大,向宽而行。面对项目化学习的强势袭来,我们无须担心,而要积极面对。每一种学习方式都有它独有的成长姿态,项目化学习强调驱动性问题的设计、对大概念的追求、持续探究的过程性、核心知识的聚焦,这种学习形态本身具有很强的包容性和多种可能性,需要更多的资源配置。化用"真人图书馆",亦属"宽容之道",集百家之精粹,解千问之真谛。"真人图书馆",赋予教育多种力量:学生多了一层对真实有挑战性的问题进行持续探究的力量;教师多了一道解决学生新问题层出不穷的伙伴力量;学校多了一方共绘教育新天地的家校和美力量。

教育就是与人打好交道

跟教育打了半辈子的交道，频频端视教育，深深感到——教育就是与人打交道。

跟人走近了，教育的气息也就扑鼻而来，润泽就会多一份可能。只要有人的地方，教育就自然发生。"人是教育的最高价值"，这是苏联教育家苏霍姆林斯基的观点。离开了人，教育什么都不是。

学校里，最重要的人有两类，一是学生，二是教师。李希贵说"学生第一"，亦说"学生第二"，颠来倒去，师生始终处于核心人物的位置。看质量，学生是正品；出质量，教师是极品。两手抓，两手都要硬，在学校，这两类人我们要打好交道。

首先，我们要与学生打好交道。一要"交往"，用孩子的方式与学生交往。这种方式能缓解学生的紧张心态，当师生心理之间没有距离了，交往也就发生了。可惜的是，并不是所有老师都意识到了这一点，有老师常常在工作上争分夺秒，铃声一响，一进一出发生，教室成了具有一定时长的"过道"，老师掐着时间进出，但不在教室逗留，匆匆地来，匆匆地去，这就很难有紧密地交往。当学生把老师只当作"老师"的时候，师生关系就无趣许多。老师要走进孩子的世界，务必要舍得腾出时间与孩子们"打成一片"。二要"守道"，守住情操，做好学生的表率。规定学生不能带着水果离开食堂，你就不能满校园地啃着水果；规定学生不能佩戴首饰，你就不宜珠光宝气。成人可以有很多自由，但在学生面前你的自由就不能胡搅学生的价值判断。同时，有学生在的场合，你就不能塌崩教师的形象。同事之间的红脖子、拍桌子、爆粗口、动拳脚都是不合时宜，可能你觉得这只是自己情绪的表达，但学生的感觉不是你这样，你的"失控"会成为学生"失控"的理由。一所文明的学校，首先是教师的文明。因为你的一言一行、一举一动都是学生眼前最鲜活的课程。

其次，我们要与同事打好交道。一要"交心"，千万不要有异心，猜疑多心不可取。尤其一起搭班的老师，关系好，学生就受益。当前，正副班在基础教育阶段比较普遍，这俩的关系成为班级建设的关键。如果彼此缺失"交心"，只是在岗位上按数量分工，那就无法达成默契，有的只是斤斤计较。正班主任要理解副班主任，要主动担当；副班主任要体谅正班主任，要积极配合。"交心"的信使就要让学生来表达对副班主任及其他所有科任教师的敬重，让老师进入这个班级，倍感亲切。每当这个老师上公开课，就会首选这个班级出台亮相，正班主任每次都能亲临现场，用行动默默支持，你说，还有哪个老师不与其"交心"？二要"扬道"，助推同事专业成长。教研活动，出外赛课，你要成为研究团队中的一员，为其出谋划策，帮其做做课件、教具等，为有需要的老师主动顶岗……每天为你多想一点点，就是同事间最好的交道。老师要有意把这种用心巧妙地渗透给学生，使他们也养成互帮互助的美好品德。

与人打交道，少不了家长。离开了家长的支持，常会有力不从心之感。弄不好，还会产生阻力。家校合力，方能做好教育。与家长打交道，一要"交代"，对家长有个"交代"，这是作为教师的一份责任。

清晨，家长把孩子送到我们的手上，傍晚，我们把孩子交到家长的手上。如果孩子出现了些微的异常，或者有了新的成长，抑或连续一段时间平平常常，都要与家长有个交流，让家长了解孩子在校的表现，心里会觉得踏实。二要"周道"，做事不要毛毛躁躁，要全面考虑。比如开家长会，多给家长发张教室座位平面图，明确每个家长的座位，桌上再备份孩子画的名签，避免家长一下子找不到座位的尴尬，家长就会觉得贴心。值日班级负责的一周里，每天清晨早早到校，亲自为自己班的家长递上志愿者红马甲，亲自给值班的学生拍张照片发到家长手上，家长就会觉得贴心。这些类似的作为，可能会觉得操心过了，实际上营造了和谐的家校关系，在"生意教育"的路上反而省心了。

贵州省教育厅副厅长李奇勇在中国早教论坛第六届年会上指出：教育从来都是人的活动，离开了人与人的互动就没有教育。既如此，那就多多与人打交道吧。

成为学生的"粉丝"

"潘校长应该带快板。"

"寒假叫小的在家好好练，下学期教潘校长打快板。"

一个建议用快板助兴，一个直截了当叫上小儿当老师……这是2018年1月29日学校结业典礼校长致辞后，一些家长对学校微信公众号的一个帖子作出的回应。

细心的你再琢磨琢磨，从家长直言让孩子教校长一招，定能品出不一般的关系——家校和谐、师生融洽。这深层次的一种发现，正是我一直在做，并欲求不断深入的一项事业——与学生打成一片。

向全校学生拜师，鼓励孩子们在假期好好加强自己的优势，下学期到校当我的指导师。这进一步用行动润化"儿童教育情怀"，不仅把儿童放在最中央，更是让儿童走在最前端，步上新台阶。

学生不仅仅只有"学中学"，他们应当还有"教中学"。20世纪30年代初陶行知推行的"小先生"运动就是一个典范。关于"小先生"，陶行知先生是这样说的："生是生活。先过那一种生活的便是那一种生活的先生，后过那一种生活的便是那一种生活的后生，学生便是学过生活的人，先生的职务是教人过生活。小孩子先过了这种生活，又肯教导前辈和同辈的人去过同样的生活，是一名名实相符的小先生了。"他又说："小孩子是最好的先生，不是我，也不是你，是小孩子队伍里最进步的孩子！"字里行间都可以看出，陶先生认为学生并不应该只做知识的接受者，他有权利、有义务，更应该去参与知识的交流和传承。现实中，同伴互助式的"小先生"比较多，让学生当老师，老师当学生，这点还比较鲜见。要把"师"请下圣坛，要坚信"只要彼此流通并有助于彼此的提升"就是新的"师态"，长幼、先后、尊卑、强弱，持证与否，都无须考虑。学，在真正发生，师，就存在。这需要我们打破"师道尊严"的传统观念，教师，绝不是年长与博闻的专权，在信息化时代，在知识流通不再依赖教师与书本的现实面前，人人都有知与不知，人人都有知识的盲区，人人也都有知识的光点。

相互为师已成为一种可能，要转为普遍的一种现实，必须要寻找一种推动的能量。出于这层朴素的想法，我借结业典礼致辞的机会向全校学生抛出"拜师函"，公开表态，倒逼自己义无反顾地坚持做下去。

"今有弟子潘照团，人到中年还贪玩。想跟各位学几招，谁有本事谁揭榜。寒假回去想一想，你的本领哪样强？不要觉得有困难，只要敢想敢去闯，一切都会把梦圆。古代项橐7岁成了孔子的师长，甘罗12岁不也做宰相，年纪小，又何妨，尺有所短，寸有所长，勇敢地向自己挑战挑战，三尺讲台也得拱手相让。但愿你来开讲堂。只要我会一点点，心里一定拥有大太阳。就在这个大操场，一旦出师给你颁个奖。要想拿到谢师状，假期回去好好练。明年找我秀一场，如我看得手发痒，一定拜你为师解心馋，保证做个好学郎。至于报名怎么办，你们看看寒假作业导航，感兴趣的就回去填一填。长话短说，明年再谈。"

在启动阶段给足学生准备的时间，这是"为师"的关键。做任何事最忌一说就要，吞噬过程，让教育苍白无力。给孩子充足的准备，就是对孩子的保护，让孩子初为人师拥有更大的成功可能，同时，作为老师当学生，更应该懂得老师的心理，不仅自己要学得快，让小老师少费劲，还要学会适当示弱，让小老师有帮扶后获得成功的愉悦感。可能有些小老师传授的知识与技能其实你懂，但你懂得示弱，就给了每个小老师更多的可能。我们当学生，不是自己一定要把不懂的学会，我们最大的目的就是让学生自信地表达自己的观点传授自己的技能，只要这一点有了，我们的弱就是真正的强。

榜样的力量是无穷的，一旦小老师成功授课，我们就要给他们鼓励，通过学校微信公众号推出师傅，借用学校小舞台开办《师傅看过来》，一定的周期集中组织一次，如此等等措施，目的是让来的人信心满满，让还没来的人积极参与进来。火候一到，我就可以动员全校教师参与进来，创设浓浓的教学相长的氛围。追星，不仅是学生追老师，也不仅是学生追学生，当然还包括老师追学生。"粉丝"一串，不如"先生"一担。

"让老师成为学生的'粉丝'"，这比"让学生成为老师的'粉丝'"，来得更有味道。后者，观念上非常自然。学高为师，身正为范。教师是学生的人生导师，应当"强素健质"、为人师表，如果身上有绝活，合学生胃口，又与学生谈得来，那自然有一部分学生会成为你的"粉丝"。这一点，大家提倡得多。而前者，是逆向思维下的儿童情怀，是充满童性的翻转课堂，让学生对你不仅仅是出于对师长的敬畏，更多的是志同道合的伙伴式的景仰。

可能有些人还有点顾虑——小学生"为师之师"能行吗？你说20世纪陶老都可为，新时代还有何不能？每个人不论长幼，都有优势，这是事实；小孩子表现欲大，倒是越大越瞻前顾后，这也是事实；现在的孩子学习的条件普遍不错，接触面广，见多识广，大部分孩子都有第二课堂，多才多艺，很多本领我们真不会；在时间的分配上，小学生这个口还有盈余，尚未被中考高考带垮，"小老师"可以在自留地上向"老学生"传授自己的优势项目。

老师成为学生的"粉丝"，不仅有许许多多的可能性，更有值得细嚼慢咽的教育意义。有句话大家很熟悉，"教育的艺术不在于传授的本领，而在于激励、唤醒和鼓舞。"这是德国著名的民主教育家第斯多惠说的。教，或者传授，不是我们的最终目的，诱导人的创造力量，焕发生命价值，是我们一定要持守的。校长带头拜学生为师，老师积极参与满足更多学生为师的欲望，这是投其好、用其长、施其能的贴近儿童心理的内部动力激发方式之一，有益于学生愉悦地用好"由内到外的觉醒"之力量，投入新的学习与自我素养结构的完善，自信地喊出"我能行"。

在拜师过程中，师生关系开始发生了微妙的变化，学生当老师，肯定会主动跟你对话，想尽办法一步步述解，碰到卡壳处必积极反思，再进行传授。老师当学生，肯定会耐心听取，积极学习，有意启发小老师，碰到卡壳处必协同攻关，直到掌握为止。如此想来，"基于对话的知识建构""学习者自身学习过程的反思""能动学习"中一些必要的过程在这里都得以自然进入轨道。"最好的教，就是让学生学会学；最好的学，就是让学生给别人讲。"著名特级教师李镇西所言甚得教学真味。学，始终是教的落脚点，而把学到的东西转述一遍，甚至传授一遍，那就不是被动的学，也不仅是主动的学，贴切地说是能动的学，是对知识技能方法的自我反刍，是整理后的具有个性特点的逻辑重构，也就相对牢固地形成阶段性正确的认识。哲学家王东岳说："我们的知识，并不来自我们的经验。经验只向我们提供杂乱无章的素材，而知识来自对这些素材的逻辑重构。因此，不要寻求无边的博学，而要寻求思想的整顿，这才是知识力量的源泉。"看来，让学生当老师的老师，让老师反过来追学生师傅的"星",也是一种学力溯源的路径之一。

老师,除了会当老师,其实要懂得怎么当学生,这样你会对学生多一层理解,师生关系也会多一层融洽与和美。新时代的学习,我们不仅永无止境地跟物态的知识学习,还要跟活性的身边人学习。当老师成了学生的"粉丝",学校才真正进入了学习型组织,正能量的人,人的正能量,都将得以更为广域深度的发展,并相互给力。

学生面前你还只是老师吗

学生面前你还只是老师吗？回答这个问题，要重新审视"老师"与"学生"的概念及其之间的关系。

韩愈有两句话：第一句"古之学者必有师"，说有学生就有老师；第二句"师者，所以传道授业解惑也"，指出老师的职责所在——传、授、解。亲授、传授，显然是师生的一种关系，"弟子"或"门生"的概念确实长期影响着中国教育，口口相传、代代相继，仿佛是教育的一种传统。

一直到信息技术带来的大变革时代，教育运行形态趋于开放，运行主体趋于多元，教育功能的实现方式趋于多样，教育运行主体自主意识愈趋增强，泛在学习成为一种现实，师生的关系开始发生了迭代变化，翻转、颠覆，来势如潮，老师必须反思自己的教育教学行为有没有真正作用于"学""生"。

"学生"二字很有意思，"学"是学习，"生"是生命、生存、生长、生活。学习"能生存、会生长、爱生活"的生命体即学生。这个观念我们必须确立，让我们的教育对象从被动学习走向主动的建构和主体的觉醒。

新的师生观，告诉我们不再只是教书先生，不再只是三尺讲台的布道者，不再只是借助从上到下的势能输出。在学生面前，千万不能自以为高人一等、胜人一筹。大变革时代，你的脚跟应当立在"以人为本、还学于生"的础石上，站稳，显示老师在学生成长历程中不可替代的价值。跟人相处，就要平等；与学为伴，应当习得。这也就奠定了我们新时期教师角色的丰富性——学导、学长、同学、学生。

首先是学导。人家有博导、硕导，我们有学导——学习导师。课堂上我们不要满足于把课的内容上好，而要关注学生在课堂内是否真正发生了学习。课堂是素质教育的主阵地，课内得法，课外得益。教师在课内要授之以渔，要教给学生打鱼的本领，引导学生"会学、会玩、会创造"，积蓄能量。当好学导的关键，一在学习目标的定位，从学生主体出发，写清楚通过什么手段学什么、学到什么程度，不要随意拔高或降低标准；二在学习活动的设计，让学习有过程，能有独立思考与合作探究的机会，突破语言一问一答的套路，有时可以强迫自己不问而教，让学习任务项目化驱动，让学生的学"活动"起来，多感官参与；三在学习时间的保障，要舍得给学生学习的时间，而且是整块的时间，导的落脚点就是学，只有充分的学，我们才能二次捕捉导的信息，做好学习递增量；四在学习心理的调适，学生是否主动建构知识，与他的心理接纳相关，激发学生的学习情感是悦纳，保底也要做到不排斥，而这就需要与学生的年龄特征、接受能力及其班级学习风格等结合起来。

其次是学长。在终身学习的体例中，教师相对于学生，无非是多读一些年份的书，多见了一些世面，是学长。既是学长，与孩子们的学习经历都或多或少有类似的轨迹，会多几分理解与接纳。不是吗？人的成长，有时候就是一本大家共读的书，只是阅读的时间前后不一样而已。有了这种想法，你就不会脱离儿童立场，以师道尊严人为地割裂师生距离。反而会对每个孩子多几分耐心，收获意外的惊喜。学长

（zhǎng）也可以读成学长（cháng）——学有所长。绝大多数的老师身上都有一两把刷子，有专业打底，有爱好支撑，相对学生特长凸显。这是宝贵的教育资源，我们不要看得过重，将其私藏，自己独享；也不要看得过轻，将其荒置，不予理睬。老师要把自己的特长发挥出来，向学生露一手，以长促长——让学生多一项爱好，小有所长；以长拢心——让学生多一层敬仰，向你靠拢；以长文化——让班级多一分内质，形成特色。"学长益学"，反过来亦然，"学益长学"。学长交融，相得益彰。

再次是同学。成长的主题，是用一辈子写就的。校园里处处是成长，我们老师不要把自己当作教师和督导，不要只站在学生的课桌前，要"坐"到学生"课桌"旁，成为同学、同伴，主动参与到学生的成长历程中去。就每天学校里集体常态活动而言，有很多这样的学习时空让你自然融入：如早读，你早早到校，抓本书跟孩子一起共读；大课间，你在队伍前领跑，做做操，与孩子一起健身；眼保健操，你也认真做一套，清目净心；午间，有足够的时间跟孩子打成一片……如此一来，呈现出一片师生、同学关系良好的局面，学风、班风、校风自然蔚然如春。另者，教师不等于全才，很多领域我们要跟着学生一起学习，做些知能体系的基础性补给，很是受用。特别是当前有很多拓展性课程，比如足球、南拳、瓯剧、瓯绣、十字绣等，都有教练，我们只要有空就可以参加进去学习，踢几脚、哈几声、哼几句、绣几针，绝妙！外地老师还可以到温州话辅导班学习，比外出学习，既省时又省钱，你说"同学"多好！这既是浸润式学习，又是浸润式教育，奇妙无穷。

最后是学生。现在的学校里不乏多才多艺、见多识广的学生，有些方面我们作为教师要跟他们学，诚心诚意地跟他们学，做学生的学生，他们肯定会收获自信及其自信后的愉悦。更重要的是学生一旦把学的教出来，并且教会对方，他自己的新旧知识就真正发生相互作用并生成建构，原来学的形态也就化为自己身上的一部分，成为挥之不去的基质。北京四中原校长刘长铭说他在担任物理教师时，就让错题学生订正后给全班同学讲一遍，效果甚好。如果说"做一遍"只是再一次学习，"讲一遍"是一种实践，那么，现在我们来当学生的学生，学生"教一遍"，就是深度的知识建构。我当副校长，也会抓学生当老师，有次向学生学魔方，虽然没学好，但整个过程孩子可开心了。期末如果在校园内找出几个这样的"小老师"，"大学生"陪他们一起上台领奖，必定是一道独特的风景线。学校里拜学生为师的机会很多，有时是我们真的不会，有时是我们一知半解但喜欢，有时是我们故意示弱，让孩子教育我们，转化自己的所得，并有步骤地教育我们，这不是"教学相长"的新渠道吗？一句话，成功往往是自信的附属品，我们完全可以弯下身来抬头看看孩子们，向他们拜师学艺。

如此一来，"学"才真正走进教师的知行意中，师生也就"学"有所成，并成为学校的课程与文化。

教育，耐人寻味

十几年前，读过《窗边的小豆豆》，里边小林校长在"巴学园"种下了"海的味道、山的味道"。学生回味无穷，读者荡气回肠。

2018年底，朋友圈疯传一则微信《校长，今天做什么菜呀？今天做肉末粉丝》，江西鹰潭的一名校长每天给学生做免费的午餐，味美有营养，一做就两个多月，雨天也不间断，69个视频传到网上，一下子发酵开去。我在被感动的同时，更感到激动，因为这位网红校长是我曾经共事三年的老同事——章站亮老师。

不管是"巴学园"的小林校长，还是"黄泥村"的大章校长，他们身上都担着一份共同的责任——教育，他们身上都冒着一股淳朴的气息——耐人寻味。教育，本在味儿。除了用大家共识的爱做锅底之外，要熬出"教育味"来，离不开热情、朴素、智慧。

没有热情，教育永远尝不出滋味。2012年8月25日，我有幸与章站亮老师成为同事，他对教育的热情给了我很深的印象。朗诵对于一个满口江西腔的他而言，并不是最适合的一道菜，但作为语文教师的他在教工朗诵会上站到了台前，用他丹田一口气感染了听众；一次体育运动会上，他成为自己班级表演方阵的一员，与学生一道耍起了武棍，那一招一式有模有样，传递了武术精神，也增进了师生情谊；在教研活动上，我推行"滚动焊接式"——新教师头棒上尝试课、老教师接棒上诊断课、新教师三棒上展示课，要求老教师不仅仅听课评课，更要敢于接棒上诊断课，他是当时全校第一个站出来的，用自己的行动告诉新教师如何上好课……在教育上，他从不退缩，是热情点燃了向好的一切。我知道他已经尝到了教育的滋味，岁月减不掉他的热情，虽然现如今他到了一所新的学校，这所学校包括他自己也才6位老师、25位学生，但教育味丝毫不差。工作之余，章校长给学生另起炉灶，显然，他把工作与生活融在一个炉子里，热情洋溢。有热情的教师对教育永远充满了情趣，反之，教育就犹如嚼蜡。当你对教育索然无味的时候，热情就被雪藏，教育肯定提不起兴致。

没有朴素，教育永远烧不出清味。教育，最耐人寻味的是淳朴、纯净。当你的教育忙着创建各种名头，当你的教育刻意地追求所谓的特色，当你的教育使劲地在大声吆喝，当你的教育只看重教师专业成就的GDP，当你的教育一味地追风赶潮……教育这味儿再吊人胃口，也是充满了添加剂。可以说，越吊人胃口，添加剂功劳越大。当每个人的心中想要的太多的时候，就不纯净了，杂质等非本质的东西就越多，这种教育也就不那么健康了。清味教育，需要朴素的追求与作风。章校长非常朴素，在我的印象中，章老师最爱穿夹克衫，修个大众发型，走到大街上，真没有几个人会那么在意。可在"黄泥村"的这所小学里，他却是25位学生最在意的那一位，不是因为校长的身份，而是因为这位校长给学生带来了美好。章老师的想法很朴素，就是让学生能好一点：吃得好一点，过得好一点，学得好一点。学校条件一般，他没有向外部索取——等靠要，而是向自身内部积极诉求，自己掏腰包给学生改善伙食，当有人想捐献时，章老师婉拒了大伙的盛意。很朴素，给学生加餐、发布视频分享，只是想让更多的人能关爱留守儿童。办教育，很多人会囿于条件。其实办好教育应该少谈条件，有时候没有条件往往又是最好的条件。朴素教育应该就是在既有基础上做最大可能的教育。留守儿童吃不好，章校长就给学生加餐，让孩子开心，让家长称心，就是最好的教育。没有朴素，一切都是喧嚣的夜市，一段短暂的繁华。

没有智慧，教育永远炖不出美味。做教育，不是努力了就可以。它得立足学校实际，遵循教育规律，探索学习路径，把准时代脉搏……说到底就是要有智慧。它要深入了解，精准判断，善于抉择，科学行动。每一所学校，每一位校长，打开教育的方式是不同的。每一所学校都有他的增长点，最适合学校的，最适合学生的，最适合自己的，是最智慧的。章校长做菜，不是一时兴起。经了解——这所学校25位学生都是留守儿童；做判断——缺少关爱；力抉择——学生吃不好、自己会烧菜、开支并不大、学校有场地和柴火；真行动——坚持风雨无阻做营养餐。着力点找对了，教育之门就打开了，这就是智慧。你看，章老师不是一个人在瞎折腾，不是单边的给予，而是巧妙地把劳动教育、感恩教育、协作教育融进了营养教育，学生一起生火加料分享，吃着吃着，"众厨课程"已经跨越了文本方案的阶段直接进入了实践层面，收获了其乐融融的教育价值。几个月下来，每一天每一道菜都不会重复，每一张笑脸都流露出"美味"。章老师的"精准扶贫"，就是"精准教育"，就是教育的"芝麻开门"。现实中有很多这样的校长，他们不是在"做校长"，而是在"校长做"。"做"，永远是他们走近学生、打开教育之门的钥匙。有的每天清晨在校门口给进校的学生诵读经典，有的每周在晨会上给学生做5分钟的演讲，有的每周通过微信公众平台给学生讲一个故事，有的天天陪着晨跑，有的天天给学生泡开水，也有的铁杆粉丝般地直接拜学生为师……当你找到了打开的方式，好教育就接踵而至。

让网红不是一瞬，让教育不再变味儿，那就需要我们始终保持热情的状态、朴素的作风、智慧的行动。好教育，需要坚守与生发。

"我怎么没有？"

　　"我怎么没有？"看着一个个上台领奖的小伙伴，看着一张张奖状从眼前溜过，有个学生嘀咕了一声，失落之中夹着一股不平。

　　临近期末，大大小小评优评先都在进行，必然也就与每个学生发生关系。"我怎么没有？"是评价的回声。声音虽轻，却很强烈。学生在意评价，这是好事。学生究其原因，又是一个教育的契机。

　　"我怎么没有？"这是信息不对等产生的正常反应。学生不知道自己为什么没有评上，老师觉得自己都讲清楚了，其中一端缺失的是评比的参数。老师自己知道，学生没看到；老师有对照，学生没比较。为了显示老师的"三公"原则，当着全班学生的面，你给学生摆事实，如"你平常没有完成作业"，或者给学生呈现平常学业表现的数据，每个学生表现情况一目了然，看起来老师铁面无私，实质上却给学生造成二度创伤，而且这种"负面"已经从这位学生扩散开去。

　　如何让信息对等？该老师有办法。"今天领到证书与奖品的学生不仅上课认真，积极参与，踊跃发言，而且平时能及时完成作业。不过，这个学期全班同学都有很大的进步，证书就不发了，中午到老师办公室领取奖品吧。"话音刚落，大家都开心了。对于一、二年级的孩子来说，这可很有意思！中午的教师办公室，没有获奖的学生接踵而来，一个不落，自主挑选奖品（老师事先预备足够份额的物品），老师则拿着学生平常学习情况登记表（里面写满每个孩子课堂表现、作业完成情况、参与学科活动情况、每月之星评比结果等）与学生一一面谈，这种"私人约谈"形式，尊重了学生，也发展了学生，消除了学生的不解与不平。这是一次有温度的数据对话，说服力裹着师生意。如此评价，让我们闻到了太阳光子的味道。

什么是教育评价？它不在于甄别，重要的是促进发展。其犹如"指挥棒"，科学客观的评价能发挥其导向作用，实现教育的增值。它也不是一味地鼓励，只有赏识性评价，让每个学生受嘉奖，这是教育激励的过度。你好，我好，大家好——"老好人式"的评价，表面上呵护了每个学生积极的心灵，实质上是在培育脆弱的温室花朵。滋长消极的一面，这只是时间问题。

当评价遭遇了"人情味"，似乎"人性化"，实为"任性化"。科学的评价，绝不是打击学生，而是促发学生。在合宜的情态下，接受标尺的衡量，可以多把尺子，但每把尺子要让学生看到自己，让每个学生发现自己新的发展区间，不再被蒙蔽。

"我怎么没有？"学生可以用自我的优越性去询问，这是每个学生评价的自我称量。有了自我，还要培养自知，从而自得。在评价中，学生知道自己完成任务的情况，知道自己今后该怎么做，从自己的成功中获得信心和满足感。这需要我们正面的评价和引领。多问问自己，"我为什么一定有？""我怎么才会有？"得，在其后。

为了自我觉醒的教育

　　教育界有一共识：教育并非给予，而是播种，或是点燃火把。外部的干预，只是教育的手段。真正的成长，需要个体的自觉、自省、自动，不断强大发展的内驱力。

　　绘本《鞋子里的盐》里的乔丹成长就是一个例子：乔丹热爱篮球，可个子不够高，传球老是被抄截。"每天晚上在你的鞋子里撒一些盐，很快的，你就会长高了！"妈妈的这个神奇妙方，虽然没有看到"盐"的增高魔力，却让小乔丹走出了沮丧，点燃了希望，他开始努力地练球……现实中的乔丹也是这样，每天晚上睡觉前，双腿跳起抓住门框，让身体放松，垂直悬空，双脚离地，全身放松地悬挂三十分钟到一个小时，坚持了一年半，其身高迅速由175厘米长高到192厘米，并且把这股狠劲用到球技上，成为叱咤风云的人物。显然如果一味儿地认定自己个子小，生来如此，不可改变，那是固定型思维的阴霾。乔丹妈妈用暗示萌发了小乔丹的成长型思维——认为自己的能力是可以改变的，是可以通过学习培养的。

　　在困难面前，乔丹妈妈以沟通技巧帮助孩子直面挑战，引人回味。我们的教育是不是也需要找到"鞋子里的盐"，助长可能性，把学生带进善意的"局"里，让学生自发地自觉地积极地追求向上的力量？答案是肯定的，不仅需要而且还要从乔丹家庭的个体教育转向学校的集体教育，通过同伴的互助与挑战，把成长型思维模式通过伙伴的影响加以传递和彼此触发。

这股来自学习个体内部暗流的力量，远远大于程序性的教条做法：先接受固定型思维，再观察明确是什么导致了固定型思维，接着给自己的固定型思维取名字，最后教育我们的固定型思维模式。美国心理学家卡罗尔·德韦克在其《终身成长》一书中明确将这种程序式的模式转化，对于儿童而言，太过成人化、套路化、理论化，小学生对不感兴趣的事物是很难接受的。好的教育起于接受。儿童的特点是好奇、喜新、随性而又有一定的挑战欲，我们要用儿童的方式，用挑战开启成长型思维模式的法门。

一次偶然的邂逅，让我开启了一段成长型思维触发的对弈之旅。

原来在我们校园内有一角棋艺区，是学生课余最喜欢的去处。午餐后我也偶尔坐下来与孩子们杀几盘，从未失手。有次，棋盘少了几颗子，我索性自弃车马炮，"老对手"看我活力严重不足，想乘机扳回一局，结果还是捡不到丝毫便宜。只见他玩起了快闪，分分钟没了影子。那高高仰起的头，紧握的双拳，加上一声长啸，一直徘徊在我的脑海。

输得不甘心啊！心中憋着的那股劲儿，那不屈，是多么宝贵啊！我如果仍旧一对一与其对弈，也没有什么好戏，只可能让他的信心逐趋减弱。如果有意谦让，也只是局部的抚慰，不可能有真正的提神。可学生挑战的欲望摆在眼前，这是多么宝贵的教育资源啊！如何抓住机会燃起这个学生以及所有热爱下棋学生的心灯，让一个简单的对决变成学校一个有深层意义的教育行动呢？

每个学生骨子里或多或少都有一股不服输的劲儿，很多学生没有表现出来，只是还没有找到合适的机会。我们说让每个学生敢于挑战、学会挑战，可我们熟悉的举动无非就是弄几个题目、搭几个平台让学生来挑战，而且一切都是成人的单边输出，学生只要根据我们所提供的来挑战就可以，这并不是我们真正想做的教育。叶澜教授精辟地指出教育的真谛——教天地人事，育生命自觉。我们的教育不止于学科，不止于课堂，不止于给予，更多的是在更为广阔的真实的生活化的时空内让学生自我觉醒。这就需要我们敏锐地抓住稍纵即逝的教育机会，让教育充满情智的生活气息。这就需要我们点燃每个学生的心灯，让他们自我释放出生长的力量与光亮。

为了自我觉醒的教育，激活成长型思维，我开始谋划了一盘棋。

第一步棋：主动搭讪，推波助澜。每个午餐后，我都必定在棋艺区逗留一小会儿，总会遇上"老对手"以及爱下棋的学生，放出话来——潘校长将随时迎接你们的挑战。提醒学生人多力量大，可以在全校寻找会下棋的同学组成挑战联盟，集众人之力打败我。学生觉得有理，也都跃跃欲试，但就是没有人牵头。说实在的，在全校找联盟，而且是"民间"自主寻找，对小学生来说，是有难度的。怎么办？找牵头人当然成了迫在眉睫的首选。四（5）班皓磊、煜辰被我瞄上了，一个棋风彪悍，是我的"老对手"，在同学的心目中是"棋大大"；另一个近期对下棋有点"中邪"，场场必到，而且能说会道，有一定的组织能力。刚开始，他们答应我寻找联盟，但过了一个星期，还是"雷声大雨点小"，挑战活动没有任何进展。小孩子，太放手，是有难度的。我干脆把他们叫到办公室，纸笔伺候，面授机要——先写挑战联盟书，再通过广播站喊话。煜辰就是机灵，唰唰唰，一纸联盟书就出来了。

中国象棋挑战联盟书

各位同学：

我们学校最近掀起了一阵"象棋新风"，有很多人都在棋场大显身手，赛出水平，赛出风格。论象棋，它能够让我们玩中学，学中玩；既能让人感受到快乐，又可从中学到很多，所以它才那么受欢迎。当然，只要学，就有赛。我们想搞点事儿—来一场象棋大赛。目标—潘校长，让我们全校象棋高手团结起来，集众人之力，把潘校长打得抱头鼠窜。有想参加象棋挑战赛的同学可以加入联盟。

报名时间：2019年1月10日中午12：00—12：30

报名地点：棋艺区

备注：若报名火爆，人数爆棚，将举行现场选拔赛。选拔人由皓磊、煜辰等组成。

中国象棋挑战联盟

起草人：四（5）班 煜辰 皓磊

2019年1月8日

文稿一成，我立马带他们去校园广播站播报联盟书，全校师生开始真正关注起这件"民间棋事"。回家玩象棋，每天跟老爸学几招，成了那几天孩子们生活的一部分。

"这太难了，太有意思了。"当学生说出这句话的那一刻，我知道学生的思维模式开始发生了转变。

第二步棋：组建联盟，发起挑战。有了联盟书的"昭告天下"，挑战一事才真正摆上了议程。1月10日的中午，等我来到棋艺区，战火早已弥漫，只见皓磊独坐一方，对手一方排着长队，都是来挑战的，而且这么有序！这出乎我的意料。我心中窃喜——这就是民间的力量，不要看学生小，能量不可小觑。学生的选拔规则是：能战胜或者双方能下到50步，就可以加入挑战联盟。过关入围的还要在联盟书上签上大名，这架势有模有样。最后经过抉择，挑战联盟七人组合产生。接下来挑战书就正儿八经地出台了（内容是在联盟书的基础上做了微调）：

挑 战 书

潘校长：

　　您好！我们学校最近掀起了一阵"象棋新风"，有很多人都在棋场大显身手，赛出水平，赛出了风格。象棋，能够让我们玩中学，学中玩。当然，只要学，就有赛。我们想搞点事儿—来一场象棋大赛。听说您神通象棋，所向披靡，好几次我们跟您PK，都以失败告终。现在我们要团结同学，建立联盟，集众人之力，向您发出挑战，望您能够接受挑战。

　　挑战时间：2019年1月11日中午12：00—12：30

　　报名地点：棋艺区

　　赛事议程：三局两胜，挑战方由皓磊、煜辰、钊宇、宇轩、明康、梓烜、浩程等组成，潘校长让出车马炮各一子。对决双方落子无悔，非挑战者观棋不语。

中国象棋挑战联盟

起草人：四（5）班　煜辰　皓磊

2019年1月10日

不仅在全校广播、LED播放，还在棋艺区醒目处张贴红纸，所有后来加盟的学生都郑重地签上大名。看来给学生自己整，还真能整出事来。

想让成长型思维开花绽放需要一定时间。我们无法在某个时刻正式宣告学生获得了成长型思维模式，而是通过一个过程，一步步接近成长型思维模式。我没有一下子通过几场对弈结束本轮的挑战，正是基于这点想法。

第三步棋：公开应战，点燃薪火。我乘机造势，疾书应战书，连同挑战书一起公布在学校教师微信群，也煞有其事地在棋艺区的挑战书旁贴上我的应战书：

应 战 书

高山韵流水，伯牙会子期。悉闻四（5）班皓磊、煜辰等同学组成中国象棋挑战联盟欲与我会战于学校泉川棋社。该联盟士气高涨，锐不可当，勇气可嘉！为传承象棋精华，弘扬国粹文化，扶持学生敢于挑战之正气，我承诺于2019年1月11日中午应战！即使未开局已弃三大主力——车马炮，即使孤军作战、势单力薄，也要奋勇迎上，在楚河汉界与同学们杀它个三百回合。不见不散。

应战者：潘照团

2019年1月10日

1月11日中午12:00，棋艺区围满了人。这次比赛他们很明显是有备而来，因为三局下来他们都用了一个撒手锏——跟你对换棋子，这对我来说可就处处整脚，常常是忍辱负重，绕道而行，惹不起躲得起嘛，结果常常失去先手。唯一能够让我喘口气的就是在僵持之下对方的失手，结果我逮住机会拿下第一局。开局彼此费了不少的劲儿，对方虽输却不气馁。第二局我一着不慎，败下阵来。孩子们来劲了！路过的老师问他们比赛情况，他们都大声回应："赢了，赢了……一比一。"回答也实诚，那兴奋劲儿谁都看得出来。关键第三局，对方求胜心切，早早兵临城下，一招即可让我毙命，既兴奋又故作淡定，提醒周边的看客千万别吭声，唯恐打草惊蛇。我早心中有数，只是想在不丢一兵一卒的前提下如何解围。他们开始给我数数，倒计时3——2——1。你看，这气势是不是出来了？我要的就是这种效果。我立马围魏救赵，用反攻对方老巢的方法脱困反攻，最后选择了和棋结束这次的挑战赛。三局，一胜一负一和，皆大欢喜。

具有成长型思维模式者既要有胜利的喜悦享受，又要有失败的痛苦经历，失败只是一个你需要面对和解决并能从中学习的问题。一胜一负一和，维持的是一种平衡，体现的是一种智慧。看似三局结束，其实"和"的背后是为了下一次的冲击蓄能。

挑战赛结束了，学生的下棋热情丝毫不减。围着我，要求下次再战。另有学生还主动申请成立象棋社，看来"引渠"初见成效。我想下次还是要让他们自主策划，让学生参与活动的始终，这个活动必定深刻。在活动中成长，在成长中活动，讲究的是过程性。我们不能抛个任务下去，然后拽着学生的双手仓促行进，学生的自觉性是需要情绪酝酿的。把过程拉开需要助推者耐得住性子，给学生酝酿情绪的时间，充分让学生做好准备。

这次象棋挑战赛，我是把自己奉献出来，提前介入学生的民间对弈，积极物色对象，并不断"煽风点火"，即使学生口头答应可以组织挑战，我也不轻举妄动，等到学生真的来找我如何书写挑战联盟书，我才给予援助。援助的尺度千万不要过大，点到为止，最大限度保持学生的语言"原貌",让学生觉得一切都是自己做的,这至关重要。酝酿到位,自觉的盖子就会被完全打开,一发而不可收。

唤醒每个孩子的自觉性与内驱力,通过创设挑战机会培育孩子们的成长型思维,这是跟国际同步的育人心智模式,作为教师要积极去实践,甚至善于在捕捉教育的机缘当中敢于去创建。

在小学培育成长型思维,除了一招一式清晰可见的正统渠道,如课堂,如会场,如活动等等,由师及生。还有一条渠道就是源于生活,来自民间,完全是由生及师的逆增长。这种教育从某种程度来说,就是影响,伙伴间的影响,这个伙伴当然包括教师。在学校里,师生就是一个团体,发挥团体的力量,携手走向成长型思维模式的旅程。这里的影响,我倾向于一种润物细无声的影响,一种由内到外的自我觉醒。

让学生发现成长本身是生活的一部分,是自己的基本欲求,这需要我们找到相应的起搏器,激发挑战欲望就是其中之一。挑战欲应该是每个孩子的宝藏,只是或深或浅而已,有的可能还在冬眠,需要我们去挖掘去暖化。不仅仅让他们寻求挑战,更要让他们在挑战中成长。这就需要我们把过程做足:用心发现,捕捉战机——因为教育的因子只是生活的一段电流,稍纵即逝;精心设局,发起战端——因为我们想要的是学生的成功逆袭;发展伙伴,扩大影响——因为氛围是让挑战欲望熊熊燃烧的树脂;燃烧战火,传递火种——因为我们需要在更大的挑战空间里延续成长型思维的生命。

一切都是经历使然

　　三年前，我梳理了自己的教育关键事件，发现了"人性"之于教育的重要性，于是写了一本书《好教育是调理出来的》，基于人本主义，循着教育规律，较为全面地阐述了调理之道。2018年该书被列为长沙教育系统60本必读书目之一的时候，心里有点亢奋，燃起了我继续书写教育故事的热情。我要弥补一种遗憾——教育实践研究要从面上落到点上，或者说我要深化一个观念——从全方位调理到聚焦式深化，精准选择自己的教育站位，鲜明表达自己的教育立场。

　　带着这股冲动，我开始审视教育的根本——立德树人，基于儿童立场，立足学生中心，观照我们的学生。去感受、触摸、助燃每个学生的"生命意态"。"生命意态"是人之为人的根本，是富有生命力的气象，是每个活着的人的存在状态。我们的教育本身就是人类生命的专属。

　　站位，决定立场；经历，活现立场；信念，坚守立场。这个立场也得到了江西教育出版社的充分肯定与大力支持，在此非常感谢编辑团队，他们在选题立项时反复斟酌书名，在审稿时剔除"赘肉"，让整本书的主旨、体例、内容更为清朗纯净。更要感谢文中出现的几百号人物，是他们让我看到了新生——生机勃勃的教育新样态。

一切都是经历使然。一旦选择了教育，就注定了缘分，也注定了厮守儿童生命教育一辈子，而且本本分分。

潘照团

2021年3月12日